Collection « HORIZONS SPIRITUELS »
(dirigée par Marie-Béatrice JEHL)

Lilla Bek : *Vers la lumière. L'éveil de vos centres énergétiques.*
Itzhak Bentov : *Univers vibratoire et conscience, ou l'émergence de l'essentiel.*
Georges Brunon : *L'Art et le vivant, éveil à la création.*
Mantak Chia : *Énergie vitale et autoguérison.*
J.-C. Cooper : *La Philosophie du Tao.*
Dr Rüdiger Dahlke : *Mandalas : comment retrouver le Divin en soi.*
V.-R. Dhiravamsa : *La Voie du non-attachement. Pratique de la méditation profonde selon la tradition bouddhique.*
V.-R. Dhiravamsa : *L'Attention, source de plénitude. Pratique de la méditation Vipassana.*
E.-S. Gallegos et T. Rennick : *L'Imagination active. Méthode d'épanouissement de soi.*
Khalil Gibran : *La Voix de l'éternelle sagesse.*
Khalil Gibran : *L'Esprit rebelle. L'appel du prophète.*
Jean Houston : *Psychologie sacrée. L'Union avec le Bien-Aimé de l'âme.*
Christmas Humphreys : *Concentration et méditation.*
John Matthews : *Vivre aujourd'hui la Quête arthurienne.*
John Matthews : *Vivre aujourd'hui la Quête du Graal.*
John Pepper : *Être heureux, c'est possible...*
Claudine et Geoffroi Picard du Chambon : *L'Évangile, un itinéraire d'Amour.*
André Protin : *Aïkido, un art martial, une autre manière d'être.*
Bhagwan Shree Rajneesh : *La Méditation dynamique.*
Bhagwan Shree Rajneesh : *L'Éveil à la conscience cosmique.*
Mouni Sadhu : *La Maîtrise du mental.*
Jean-Claude Sapin : *L'Art du T'ai-Chi Chuan.*
Jean-Philippe Schlumberger : *Yi king : principes, pratique et interprétation.*
René Sidelsky : *Le Pouvoir créateur de votre pensée pour réussir votre vie.*
Alan W. Watts : *L'Esprit du Zen.*
Dr Josephine Zöller : *Qi Gong : exercices énergétiques de santé.*

Vivre aujourd'hui
la Quête arthurienne

collection "horizons spirituels"

L'AUTEUR :

John Matthews, résidant à Londres, a passé plus de vingt ans à étudier les romans du roi Arthur : le Roi lui-même, ses Chevaliers, leurs familles, leurs amis et leurs ennemis. Ces longs travaux lui ont inspiré une approche nouvelle de la Quête arthurienne dans laquelle le lecteur est invité à s'impliquer personnellement.

Il est l'auteur d'une quinzaine de livres sur le sujet, dont nous publions les deux premiers en langue française. Il continue son exploration du cycle arthurien, donne des conférences et anime des ateliers en Europe et en Amérique.

Ouvrages du même auteur :

Vivre aujourd'hui la Quête du Graal (Éditions Dangles ; parution début 1992).
At the Table of the Grail.
The Grail, Quest for Eternal Life.
Warriors of Arthur.
The Western Way (vol. 1 et 2 avec Caitlin Matthews).

John Matthews

Vivre aujourd'hui la Quête arthurienne

Traduit de l'anglais par Jean-Philippe Schlumberger

Editions Dangles
18, rue Lavoisier
45800 ST-JEAN-DE-BRAYE

TITRE ORIGINAL ANGLAIS :

THE ARTHURIAN TRADITION

Édition originale anglaise :

First published in Great Britain, in 1989,
by Element Books Ltd., Longmead, Shaftesbury, Dorset.

Édition française :

ISSN : 0397-4197
ISBN : 2-7033-0367-X

A John Boorman
qui contribua à faire vivre la Tradition.

Remerciements :

— A Gareth Knight, qui m'a appris comment la Tradition arthurienne peut s'appliquer dans la vie quotidienne.

— A Bob Stewart, pour les nombreuses heures d'enrichissante conversation qui m'ont permis de mettre en lumière bien des points mystérieux.

— A mon épouse, Caithlin Matthews, pour la constance de son appui et pour l'aide qu'elle m'a apportée dans l'exploration de dimensions nouvelles.

— A mon fils, Emrys, parce qu'il a su attendre patiemment que j'aie fini mon travail, avant de venir jouer avec lui.

— A Chesca Potter, qui me fournit l'une des pièces manquantes du puzzle.

— Aux collègues de mon « autre vie », qui ont supporté mes humeurs quand les choses allaient mal.

— A la légion d'écrivains qui m'ont préparé la voie, et que j'aurais aimé remercier individuellement.

Note sur la prononciation des noms gallois
(équivalences approximatives) :

Voyelles :

A, I, O et U : comme en français.
E : comme dans « père », mais court.
W : est, en fait, une voyelle correspondant à notre son « ou ».
Y à la fin des mots : comme le son « u ».
Y à l'intérieur des mots : à peu près comme « eu » dans « seul », mais court.

Diphtongues :

AE, OI, AI, OE - WY, AW, OW, EW, etc. : les deux voyelles se prononcent toujours séparément.
EI : se prononce de la même façon que AI (« ail »).

Consonnes :

CH : comme le « jota » espagnol (son de gorge « raclé »).
DD : comme en anglais « this », « that ».
TH : comme en anglais « thing ».
F : comme le « v » français.
FF : comme le « f » français.
G : toujours dur, même devant I ou E (« goût »).
C : toujours dur, même devant I ou E (« car »).
LL : comme un « h » aspiré devant le « l ».
S : toujours « sifflant » (jamais « z »).
Autres consonnes : comme en français.

(Note du Traducteur.)

Le Rite lunaire du Roi

(A David Jones)

Nul ne revint du combat
Aux tertres de Rive Torse
Sinon trois hommes du commun :
Morvan ab Tegit,
Si laid qu'aucun guerrier ne le voulut frapper,
Sandde, l'Ange de Lumière
Que sa beauté garda de la mort,
Et Glewlwyt à la Puissante Poigne
Car nul ne sut résister à sa force (1).

Et ces trois hommes allaient, par le champ de bataille,
Marchaient ensemble, se tenant aux épaules,
Tandis que Logres-de-Bretagne à nouveau s'effondrait
Retournant à la nuit.
Alors, les rêves reprirent leurs chevauchées
Par le pays.

Le rêve de celui que navra la Griève Blessure
(L'homme rouge du Lac)
Et de cet autre, qui ne questionna point.
Le rêve de la nef de verre
Qui jamais ne navigua
Car sa forme épousait les contours de Bardsey (2),
Tandis que l'Ours s'en allait sur son navire Prydwen
Piller l'Enfer, puis revenait
Chargé de dons pour ceux qui demeuraient fidèles.

On se souvient de lui dans les champs des étoiles
— Arcturus, Telyn Idris —
Et les montagnes n'ont pas oublié
La dette de Torse Rive ;

1. Le début de ce poème fait allusion à une tradition selon laquelle, lors du dernier combat des Bretons contre les Saxons, seuls trois hommes survécurent : le plus laid, le plus beau et le plus fort. La plupart des autres références s'expliqueront dans le cours de l'ouvrage (N.d.T.).

2. Il s'agit d'une île, au large du Pays de Galles, où Merlin est dit avoir possédé une retraite (N.d.T.).

Mais du haut de la Colline Blanche,
La tête tranchée de Bran
Ne fixe plus de ses regards
L'antique cité de Ludd.
On ne sait plus qui était le blessé, allongé sur la couche,
Attendant celui qui le délivrerait.
Était-ce le roi Pellan, Seigneur de Lyonesse,
Ou Bran, le Corbeau, dont la tête chantait ?

Or, celle qui attend, au-delà de la mer,
Fredonnant pour son amant-poète, prisonnier du buisson,
Sait tout, ne laisse rien passer.
Nul ne l'a vu flotter sur les eaux argentées de lune
Sans ouïr son chant de sirène ;
Et nul n'a vu la Coupe flamber dans le couchant
Sans reconnaître aussi, dans les fumées de l'air,
L'haleine de Neuf Filles,
Réchauffant le bord du Chaudron ;
Et nul n'a vu la Table sans savoir
Comme elle périt, fendue, sous le galop d'acier des cavaliers
Quand la charge renversa les sièges dispersés
Où longtemps les Héros étaient venus s'asseoir...

L'Épée retourna sous les eaux, brandie, puis engloutie.
Son nom était Escalibur,
Et le nom de la Lance était Rongomyant,
Le nom du Manteau de Lumière, Gwern.
Mais le Roi, le Dux, l'Amherawdr, dirigeant du labeur,
Seigneur de la vague, vêtu de la pourpre ancestrale,
Celui qui allait par les plaines de la Terre Gaste,
Est toujours assis sur son trône d'or.
Sa barbe, ses cheveux ont poussé,
C'est lui qui mène, sur les hauteurs,
Par les landes et les roches,
Les meutes d'Annwfn,
C'est lui qui dort dans les cavernes,
Ours, Corbeau, Seigneur Saturnien.
Le soir de la Saint-Jean,
Son cheval a perdu l'un de ses fers d'argent
Et lui veille toujours sur l'arbre de flammes
En attendant des jours meilleurs.

Qu'est-ce que la Tradition arthurienne ?

La substance de la Tradition arthurienne est faite de contes romanesques, de récits d'aventure et de magie. L'énergie qui en émane a de nombreuses sources. Arthur, Avalon, Merlin, le Graal, les femmes de l'Autre Monde qui en avaient la garde, tout cela naquit du tissu dense et enchevêtré des mythes et des légendes celtiques. Les Compagnons de la Table ronde, Lancelot, Galaad, Perceval et Gauvain nous les devons aux grandes épopées du Moyen Age. Les pages manuscrites où sont consignés leurs exploits se comptent littéralement par milliers. Elles nous parlent des périgrinations de ces chevaliers, errant dans l'obscure et impénétrable forêt du monde arthurien. Puis, l'éthique complexe de l'amour courtois vient encore ajouter une dimension nouvelle à ce tableau. Aussi précis qu'un rituel religieux, il ne permet plus de considérer les femmes comme de simples objets de troc à échanger sur les marchés de l'Europe féodale. Toutes sont, potentiellement, des déesses et c'est de là que nous viennent tant d'héroïnes inoubliables : Dandrane et Elaine d'Escalot, ou Guenièvre, Iseult et toutes les autres Dames qui furent courtisées, gagnées, délivrées par leurs champions d'amour, les chevaliers.

A l'arrière-plan de cette puissante structure, nous découvrons une autre dimension, plus profonde, héritée des traditions magiques. Ce sol fertile fut ensemencé par d'innombrables générations jusqu'au jaillissement d'une véritable floraison littéraire dont la durée embrasse l'ensemble du Moyen Age. Des thèmes qui avaient dominé la vie intérieure de l'humanité aux Temps du Rêve, avant l'Histoire, trouvèrent alors leur expression.

L'éternelle interaction entre l'Autre Monde et le nôtre ne cesse de s'imposer, tel un accompagnement obstiné, à l'arrière-plan des aventures et des amours d'Arthur et de ses héroïques compagnons. Dans le foisonnement des épisodes, les personnages paraissent ou s'évanouissent de façon déroutante. L'immortalité, l'harmonie avec la terre, l'amour véritable, l'accomplissement spirituel, les femmes et les hommes que nous présentent ces textes rencontrent tout cela au cours de leurs errances, et ce ne sont encore que quelques-unes des richesses secrètes qui leur seront offertes.

Étranges, terrifiantes aventures, en vérité, dans lesquelles ils s'engageaient d'un cœur joyeux pour affronter des adversaires non moins fantastiques ou terribles ; ce ne sont que magiciens capables de changer de forme à volonté, enchanteresses, bêtes sauvages douées d'une intelligence supérieure à ce qu'on attendrait de leur espèce, serpents se métamorphosant — pour peu qu'on ose leur donner un baiser — en belles jeunes femmes, ennemis invisibles dont les coups partent du vide, fantômes, chevaliers dont l'armure change de couleur en un clin d'œil. Le paysage même paraît surnaturel : on y trouve des ponts sous la surface des eaux, des fontaines bouillantes ou pleines de sang, des arbres dont une moitié est de flammes et l'autre de verdure, des terres stériles mais toutes prêtes à fructifier, pourvu qu'un mot soit prononcé.

Armes, anneaux, harnachements magiques, épées tirées d'une pierre qui flotte sur l'eau, nefs naviguant seules, pièces d'échecs poussées par des mains invisibles, tels sont — parmi bien d'autres — quelques-uns des éléments dont se compose le monde de la Tradition arthurienne. Il en est que vous découvrirez dans les pages qui suivent. Quant aux autres, il faudra les chercher dans les innombrables contes qui forment la « matière de Bretagne (1) ».

1. Pour se faire une idée plus précise de ce vaste corpus, le lecteur aurait avantage à consulter le livre de Jean Markale : *Le Graal* (cf. *Bibliographie*) (N.d.E.).

Ruines de l'abbaye de Tintagel (Cornouailles) qui,
selon la légende, était la demeure du roi Arthur.
(Photo Lapad/Roger-Viollet.)

Persuadons-nous, avant toute chose, que ce ne sont pas seulement des histoires divertissantes. On y trouve en effet une profondeur, une variété de l'expérience humaine dont les sources sont intemporelles. Si nous voulons bien considérer ces récits comme faisant partie d'une véritable tradition occidentale du mystère, ils formeront, pour notre vie de tous les jours, un arrière-plan extraordinaire, unique en son genre, car ces mythes échappent au temps. Nulle définition, nul classement arbitraire ne peut les faire entrer dans le cadre étroit de nos préférences personnelles, et pourtant, comme l'a si bien noté la sage mythographe Pamela Travers, ils restent bons pour tous :

« Les mythes ne sont jamais limités par un seul de leurs sens, défini ou fixé une fois pour toutes. Ce qu'ils nous apportent est bien plus que cela : c'est le Sens par excellence. Si vous suspen-

dez devant la fenêtre une sphère de cristal, elle réfléchira la lumière par toute sa surface. Les mythes sont ainsi ; ils ont une signification pour moi, pour vous, pour toute autre personne. »

La Tradition arthurienne s'adresse donc à tous ceux qui voudront bien l'explorer. Mais leur engagement ne saurait s'arrêter à la seule lecture des textes, bien qu'en elle-même elle soit fort enrichissante. Un travail imaginatif, prenant pour base les archétypes arthuriens, permettra d'accéder à des niveaux plus profonds, plus proches de l'expérience directe. On trouvera, dans le présent ouvrage, des suggestions sur la façon de procéder. Ceux qui tenteront de mettre les exercices en pratique peuvent être assurés que leur existence y gagnera des dimensions entièrement nouvelles. Bien plus, pour celui qui s'est engagé dans la Quête, elles ne cesseront d'évoluer, car les histoires de la Tradition recèlent, en quelque sorte, l'héritage de l'avenir.

I. Le Haut Roi

Arthur dans l'histoire et le mythe

« Jusqu'où la flamme volante n'a-t-elle pas répandu et rendu familier le nom d'Arthur le Breton, et n'est-il pas vrai que son renom s'étend aussi loin que l'empire de la Chrétienté ? Qui, dirai-je encore, ne parle d'Arthur le Breton, puisqu'il est presque mieux connu des peuples de l'Asie que des Britanni *(Gallois et Cornouaillais), ainsi que les pèlerins, de retour du Levant, nous l'assurent ? Les peuples de l'Orient ne parlent pas moins de lui que ceux de l'Occident, bien que toute la largeur de la Terre les sépare. Rome, la reine des cités, vante ses exploits, les guerres d'Arthur ne sont pas inconnues sur les rives de Carthage ; Antioche, l'Arménie, la Palestine célèbrent ses actions. »*

Alanus de Insulis.

Le Héros celtique

Arthur est un héros celtique, c'est ce qu'il faut toujours garder présent à notre esprit. Il appartient au monde des Celtes. Si loin que les histoires nous fassent remonter le cours du temps et des cultures, nous ne devons jamais oublier qu'il est le produit de cette forme particulière de société. Tout au long de son évolution, cette origine continue d'exercer une influence durable sur le personnage. Elle persiste lorsque Arthur devient un roi chrétien, vêtu d'une armure étincelante ; on la retrouve encore dans la compagnie de héros qu'il réunit autour d'une Table ronde et qui passent leur temps à la poursuite de l'aventure et de l'amour.

Comme il fallait s'y attendre, les origines d'Arthur se perdent dans les brouillards du mythe. La légende nous dit qu'il était le fils du roi Uther Pendragon et de dame Ygerne de Cornouailles, que sa naissance était due aux arts magiques d'un enchanteur, Merlin, qui devint par la suite son conseiller. L'Histoire, par contre, ne lui permet aucun de ces romantiques commencements ; ses parents, nous dit-elle, sont inconnus, il n'eut ni conseiller magique, ni compagnie de brillants chevaliers. Mais ce qu'elle nous apprend est, à sa manière, tout aussi remarquable.

Arthur naquit, pour autant qu'on puisse en juger, entre le Ve et le VIe siècle. Peut-être au Pays de Galles, mais peut-être aussi dans les Midlands, ou bien encore en Cornouailles. Il ne fut pas un grand roi mais, ce qui est d'une égale importance, un grand chef de guerre, avec le titre de *Dux Britannorum,* duc de Bretagne (1). Cela veut dire qu'il commandait les armées d'un certain nombre de roitelets et de chefs de clan qui avaient réaffirmé leurs droits territoriaux au siècle précédent, lorsque les derniers vestiges de l'autorité romaine avaient disparu. Ils se querellaient sans fin, le seul but de leurs razzias mutuelles étant souvent de piller pour le plaisir les terres de leurs voisins. Ils eussent été bientôt victimes des nouveaux envahisseurs venus d'Allemagne et de Frise si la persuasion d'Arthur n'avait obtenu de ces factions guerrières qu'elles s'unissent pour combattre leur ennemi commun, le plaçant à la tête d'une armée recrutée dans l'ensemble du pays.

Les chroniques ne nous disent pas comment il y parvint, et l'on sait peu de chose des actions qu'il entreprit par la suite. Il semblerait qu'il ait entraîné une troupe de cavaliers — peut-on y voir le prototype des « Chevaliers de la Table ronde » ? — dont la mobilité lui permettait de frapper l'ennemi au cœur des territoires envahis. Il se retirait ensuite aussi rapidement qu'il était venu, réapparaissait en d'autres lieux, fort éloignés des premiers, pour y attaquer un nouvel adversaire. Cette tactique — peut-être empruntée aux méthodes militaires romaines qu'il aurait apprises outre-mer — dut l'entourer, avec ses hommes, d'une

1. « Bretagne » est à entendre, dans la plupart des cas, comme signifiant à la fois la Grande Bretagne et la Bretagne armoricaine, également appelée Petite Bretagne.

aura presque magique, capable d'impressionner ses compatriotes autant que ses ennemis. C'est là, sans doute, que naquit la première vibration des futurs récits légendaires.

Longtemps après, des écrivains relèveraient des traces encore vivantes de cette ancienne renommée : noms de lieux, tels que le Siège-d'Arthur, la Pierre, ou le Four-d'Arthur. Une pierre tombale était censée marquer la sépulture de son fils Anir et l'on disait que, déplacée, elle revenait le jour suivant à son lieu d'origine. Une éminence rocheuse portait même l'empreinte de son chien, nommé Kavall (ou Cabal).

Les chroniqueurs font état d'une série de grandes batailles, mais leurs sites sont difficiles, sinon impossibles à identifier. Nous apprenons qu'Arthur, portant un écu à l'image de la Vierge Marie, mena ses guerriers contre les Saxons avec tant de succès que l'invasion se solda par un accord pacifique. Les envahisseurs durent restreindre leurs prétentions à certaines régions bien définies où ils avaient le droit de cultiver la terre et de prendre femme, après un certain temps, parmi les autochtones. Telle fut l'origine du peuple que l'on qualifia d'Anglais. Mélange de Celtes et de Saxons, il allait rester inchangé jusqu'à l'arrivée des Normands, au XIe siècle.

Comme nous le verrons, tout cela devait exercer une influence profonde sur l'histoire légendaire d'Arthur. Les Bretons insulaires qui avaient fui devant l'invasion saxonne s'étaient réfugiés au-delà de la mer, en Armorique. De nouvelles terres s'ouvraient ainsi à la transmission orale des contes — dont certains, n'en doutons pas, se rapportaient à Arthur. La tradition locale les conserva près de cinq cents ans, jusqu'à ce qu'ils soient repris par les trouvères normands dont les récits ou les chansons servirent à leur tour de base aux romans médiévaux. La Tradition qui nous occupe repose principalement sur ces derniers.

Le Roi des romans

Le premier écrivain qui utilisa avec méthode les sources orales fut un « historien » du XIIe siècle nommé Geoffroy de Monmouth. Il fut le véritable créateur du chenal où viendrait s'écouler, par la suite, le flot apparemment inépuisable des récits concernant Arthur et ses chevaliers. Ce véhicule privilégié fut l'*Historia Regum Britanniae* (l'Histoire des Rois de Bretagne). Bien qu'il y parle aussi de personnages semi-historiques comme le roi Lear, Cassivelaunus ou Constantin, plus de la moitié de son livre est consacrée aux « biographies » d'Arthur et de Merlin.

Cet ouvrage devint, en son temps, un véritable « best-seller ». D'innombrables copies du manuscrit furent diffusées en Angleterre et dans le reste de l'Europe. La véracité de ses récits fut très vite contestée. Des hommes qui étaient à peu de chose près ses contemporains le qualifièrent d' « affabulateur », d' « écrivain mensonger ». Son livre, pourtant, contenait plus qu'un simple noyau de vérité. Geoffroy lui-même assurait qu'il l'avait en partie « traduit » en se servant d'un ouvrage ancien, en langue bretonne, dont on n'a jamais trouvé de trace.

Quoi qu'il en soit, il est certain qu'il sut réunir en un seul écheveau les fils de la tradition orale à ceux de la mémoire historique et de l'invention pure, et qu'il en fit un tissu qui s'accordait parfaitement avec les modes et le cadre général de son époque. Ce faisant, il créait, en fait, le premier roman « arthurien », scellant le destin littéraire de son héros pour plusieurs générations. Citons le passage où Geoffroy nous décrit la cour d'Arthur. On verra que nous sommes bien loin de l'environnement primitif qui fut, aux âges obscurs, celui des Bretons :

« *Lorsque la fête de la Pentecôte fut proche, Arthur décida de tenir, en cette saison-là, une cour plénière et de placer sur sa tête la couronne du royaume. Il résolut également de convoquer à cette fête les nobles qui lui devaient hommage afin de célébrer la Pentecôte avec une révérence accrue et de sceller, le plus étroitement possible, en les renouvelant, les accords de paix entre lui-même et les chefs de clans...* »

La fête a lieu dans la Cité des Légions, Carléon-sur-Usk. Chefs et rois s'y rendent, venant des deux Bretagnes, d'une bonne partie du reste de l'Europe et même de la Scandinavie, qu'Arthur vient de conquérir. Tout ce monde assiste à la messe, dans les deux cathédrales, puis il y a un festin splendide au cours duquel Keu le sénéchal, aidé par des milliers de nobles vêtus d'hermine, apporte les plats.

« Si je devais tout dire, cette histoire serait trop longue. La vérité est qu'en ce temps la Bretagne avait atteint un tel degré de raffinement qu'elle surpassait tous les autres royaumes par l'opulence générale, la richesse des ornements, la courtoisie, enfin, de tous ses habitants. Tout chevalier de ce pays qui s'était, en quelque façon, distingué par sa bravoure arborait une livrée à ses propres couleurs et les femmes élégantes portaient souvent les mêmes. Elles jugeaient indigne d'accorder leur amour à un homme qui n'avait pas fait ses preuves au combat, de sorte que les femmes étaient chastes et toujours plus vertueuses, tandis que les chevaliers se faisaient sans cesse plus audacieux. »

Il s'agit bien ici d'une cour médiévale. Déjà, les chevaliers tentent d'impressionner les dames par leurs prouesses dans les batailles, les banquets sont somptueux, il y a déjà de grandes églises. Nous ne sommes plus très loin des romans qui allaient faire d'Arthur le roi le plus célèbre et le plus important du monde occidental.

L'ouvrage de Geoffroy fut repris et traduit de son latin d'origine en langue anglo-saxonne comme dans le français des Normands. L'un de ses traducteurs anglo-normands, un certain Wace, y ajouta l'idée d'une Table ronde où tous les chevaliers pouvaient s'asseoir sur pied d'égalité. Il y eut alors une véritable avalanche de romans, parmi lesquels se distinguent, à la fin du XIIe siècle, les œuvres d'un poète français, natif de Troyes, dont le prénom était Chrétien. C'est à lui qu'on doit les plus vigoureuses créations et celles-ci ne manquèrent pas de prêter leurs couleurs à la plupart des ouvrages suivants.

Sous la plume prolifique de Chrétien de Troyes naquirent cinq romans en vers : *Érec et Énide, Cligès, Lancelot, Yvain* et *le Conte du Graal* (2). Tous les éléments qui forment, pour un regard contemporain, le cœur de la Tradition arthurienne, y sont déjà présents. Chrétien nous conte l'histoire des plus grands chevaliers d'Arthur, il est le premier à nous parler des amours de Lancelot et de Guenièvre, de la Quête du Graal. Sans doute ces thèmes existaient-ils déjà sous forme orale, mais c'est Chrétien de Troyes qui nous en donne la plus ancienne version littéraire.

2. Voir en *Bibliographie*.

Les personnages de l'Autre Monde, ceux de la Celtie primitive, se pressent dans ses œuvres : Edern, fils de Nudd (Yder), Gilvaethwy, fils de Don (Girflet), Gwalchmei (Gauvain), le chevalier de la Déesse, Maelwas (Melvas) et Guigomar. Dans *Érec et Énide,* fait notable, on voit Arthur maintenir ou rétablir une ancienne coutume magique, celle de la chasse au Blanc Cerf. Le héros qui parvient à tuer l'animal merveilleux en offre la tête à sa Dame, proclamant ainsi qu'elle est la plus belle de toutes les femmes de la cour. Ce thème, avec son épisode du baiser accordé au vainqueur, fait retour à des origines bien plus primitives où le héros épouse une vieille sorcière. Celle-ci se transforme alors en biche et le vainqueur en cerf.

Malgré les apparences, le roman de *Lancelot* a, lui aussi, des sources plus anciennes. A première vue, c'est une histoire raffinée d'amour courtois où le chevalier délivre sa maîtresse d'un rapt effectué par un homme désespérément épris ; en fait, ce thème dérive d'une antique histoire celtique que l'on retrouve dans le livre *De Excidio Brittaniae* du VIe siècle, attribué à Gildas. Le ravisseur est un seigneur de l'Autre Monde et, s'il enlève Guenièvre, ce n'est pas seulement parce qu'il la désire, mais parce qu'elle symbolise la Souveraineté, notion fort ancienne selon laquelle Arthur doit sa terre, c'est-à-dire son royaume, à son mariage avec une femme qui, dans ce monde-ci, représente la Déesse.

Yvain, Érec et Perceval — trois héros de romans de Chrétien de Troyes — se retrouvent dans les *Mabinogion* (recueil de contes gallois) sous les noms respectifs d'Owein (dans *Owein et Luned ou la Dame de la Fontaine),* de Gereint (dans *Gereint fils d'Erbin*) et de Peredur (dans *Peredur ab Evrawc*) (3). Longtemps, il y eut d'acerbes controverses pour déterminer qui, de Chrétien ou de l'auteur — d'ailleurs anonyme — des contes gallois, a écrit en premier les trois récits. Aujourd'hui, on est à peu près sûr que c'est Chrétien, mais l'auteur des trois *Mabinogion* dont il est question eut accès aux mêmes sources que le romancier champenois. Cependant, à la différence de ce dernier, il a

---

3. Pour de plus amples informations sur les *Mabinogion,* consulter Jean Markale dans *l'Épopée celtique en Bretagne.*

conservé de nombreux traits originels et reste, en fait, plus proche des récits anciens. L'ensemble porte l'empreinte d'un moule plus primitif.

Toujours dans les *Mabinogion*, nous retrouvons Arthur, doté d'autres attributs celtiques. L'aperçu de la cour que nous propose le *mabinogi* de *Kulhwch et Olwen*, n'est sans doute pas très différent de ce qu'elle fut, dans la réalité, au VIe siècle. Arthur est déjà roi, mais ses guerriers conservent de nombreux traits magiques issus de la légende et du mythe. Un étonnant dénombrement rassemble 250 personnages dont la plupart ont des attributs bien différents de ceux qu'on attendrait de futurs Chevaliers de la Table ronde. Voici, à titre d'exemple, quelques extraits de ce recensement :

« Gilla Cuisse-de-Cerf, qui pouvait franchir trois cents acres d'un bond... Gwevyl fils de Gwestad (lorsqu'il était triste, il laissait pendre l'une de ses paupières jusqu'à son nombril et l'autre lui faisait comme un capuchon sur la tête)... Gwrhyr, l'Interprète des Langues, qui les savait toutes... Klust fils de Klustveinat (enfoui à cent brasses sous terre, il entendait la fourmi quitter son nid à cinquante milles de là)... »

Nous voyons que le magnétisme propre à la personne d'Arthur attirait une grande variété de héros celtiques qui trouvaient honorable de se mettre à son service. Nombre d'entre eux ne nous sont connus que par leurs noms, mais d'autres nous sont familiers : Kaï (Keu), Bedwyr (Beduier), Owein (Yvain)... tous participent à cette fabuleuse cavalcade de personnages venus d'un autre monde. Arthur lui-même reste la figure centrale, tout enveloppé de la majesté et du mystère de l'univers celtique.

Dans le *mabigoni* de *Kulhwch et Olwen*, il est tenu de faire des dons lorsqu'on le lui demande d'une certaine manière, mais il précise les exceptions à cette règle :

« Toute demande que ta tête peut concevoir ou ta langue proférer te sera accordée... sauf mon navire, mon manteau, mon épée Kaledvwlch, ma lance Rongomyant, mon écu Gwynebgwrthucher, mon couteau Karnwenhar et mon épouse Gwenhwyvar. »

Cette liste d'armes de l'Autre Monde suggère qu'Arthur avait, à ce stade du récit, acquis des origines surnaturelles, ou bien qu'il les avait « dérobées ». Cela ressort assez nettement d'un autre poème gallois, *Preiddieu Annwfn, les Dépouilles* (Trésor) *de l'Abîme* (l'Autre Monde) (4). On y voit Arthur prendre la tête d'une troupe de guerriers pour effectuer un raid au royaume des morts et y voler le Chaudron d'Annwfn. Tout homme tué au combat que l'on plaçait dans ce récipient magique retrouvait aussitôt la vie.

Il y a là bien plus qu'une simple aventure, car il est clair qu'en s'appropriant ce trophée, Arthur acquérait en même temps un pouvoir similaire à ceux du Seigneur de l'Autre Monde. On ne s'étonne donc pas de le voir, dans un autre récit, ordonner que soit exhumée la tête de Bran, esprit protecteur de la Grande Bretagne, sous prétexte que lui seul, Arthur Pendragon, est habilité à défendre le pays.

Le grand celtologue Jean Markale voit, dans cet épisode, l'indication d'un conflit avec les Seigneurs de l'Autre Monde ; cela expliquerait que tant de magiciens et d'enchanteresses ne cessent de passer d'un univers à l'autre pour mettre à l'épreuve Arthur, ou certains de ses chevaliers. Peut-être doit-on voir également la trace d'un héritage à la fois ethnique et religieux dans le nombre de femmes et de reines de l'Autre Monde qui apparaissent dans ces contes, car elles sont les avatars de déesses adorées, aux temps anciens, dans les îles de Bretagne.

La carrière littéraire d'Arthur va, désormais, se poursuivre pendant près de 300 ans, dans les deux Bretagnes comme dans le reste de l'Europe. D'innombrables histoires nouvelles voient le jour, tandis que les plus anciennes sont sans cesse reprises. De nouveaux personnages apparaissent, attirés dans l'orbite du soleil arthurien. Les guerriers changent de nom, les coutumes évoluent. Gauvain et Lancelot deviennent les héros les plus célèbres et les plus souvent utilisés de toute la littérature courtoise.

Les portraits d'Arthur ne furent pas toujours flatteurs. Plusieurs chroniques anciennes accompagnent son nom de l'épithète *horribilus* (horrible, terrible), et les auteurs le décrivent comme un tyran. Certains romans tardifs le font tomber amoureux d'une

---

4. Ce poème et d'autres poèmes gallois ont été intégralement traduits par Jean Markale, sous le titre *les Grands Bardes gallois* (cf. *Bibliographie*) (N.d.E.).

Arthur et Guenièvre.
(Photo Bibliothèque nationale, ms. 95, fol. 277.)

magicienne saxonne, vivre deux ans et demi avec une jumelle ou une demi-sœur de Guenièvre — cela nous est donné comme une excuse au fait que Lancelot et la vraie Guenièvre deviennent amants — puis il se laisse aller à un état de paresse dont il faut plus d'un effort pour le tirer.

En dépit de ces imperfections — relativement mineures — Arthur demeure, en général, l'exemple éclatant de ce que devrait être un roi chrétien. Lorsque William Paxton publie, en 1485, son édition de *Le Morte d'Arthur* de sir Thomas Malory, il explique, dans sa préface, que de nombreuses personnes lui ont reproché de ne pas imprimer l'histoire *« du plus renommé des rois chrétiens... Arthur, dont le souvenir, pour nous, hommes d'Angleterre, devrait avoir préséance sur celui de tous les autres rois de la Chrétienté »*.

Le Morte d'Arthur reprend l'histoire d'Arthur, de sa naissance à sa mort. C'est une oraison funèbre pour l'âge de la chevalerie, dont Arthur et ses compagnons furent les plus nobles symboles. Grâce à cette œuvre magistrale, les récits de la Table ronde n'ont jamais été oubliés et continuent de donner corps à une Tradition vivante.

Le Héros mythique

Ce qui se formait là dépassait de loin le simple souvenir d'un chef héroïque. Réveillé par les actes de l'Arthur historique, quelque chose de bien plus ancien reprenait vie dans la mémoire des hommes, quelque chose que les romans ou les pseudochroniques n'avaient pas enregistré. A l'arrière-plan de ces œuvres, à des niveaux plus profonds que ceux des contes celtiques, il existait une dimension plus essentielle encore. Les archétypes, nés du mythe, y prenaient forme ; fondus dans les creusets du temps et des circonstances, ils s'organisaient en un cycle dont la grandeur a défié le passage des siècles et dont l'action, pour tous ceux qui s'en approchent, continue à se faire sentir.

De temps à autre, il nous arrive d'apercevoir quelques-unes de ces hautes figures, dont la présence se devine sous la patine des légendes celtes ou médiévales. Ainsi, dans *le Songe de Ronabwy,* titre de l'un des *Mabinogion,* le héros — dont il se peut qu'il ait réellement vécu au Pays de Galles, au XIIIe siècle — s'endort sur une peau de bœuf magique qui le fait rêver des temps mythiques. Il se voit, avec ses compagnons, chevauchant à travers une plaine. Il y rencontre Iddawc, fils de Mynyo, que le texte nous décrit en ces termes :

« Il vit un jeune homme aux cheveux blonds frisés, à la barbe fraîchement taillée, monté sur un cheval de couleur jaune. Cet homme était vert depuis le haut des jambes et des genoux jusqu'aux pieds, il portait une tunique de brocart jaune, cousue de fil vert ; sur sa cuisse, une épée à pommeau d'or, dans un fourreau de cordouan neuf ; par-dessus la tunique, un manteau de brocart jaune, cousu de vert ; l'équipement du cavalier, comme celui du cheval, avait la teinte des aiguilles de pin et le jaune était celui de la fleur de genêt. Son aspect était si imposant qu'ils prirent peur et s'enfuirent, mais il les poursuivit. Quand son cheval rejetait l'air de ses naseaux, ils s'éloignaient de lui, mais quand il inspirait, ils approchaient jusqu'à son poitrail. »

Qu'il s'agisse là d'un scénario mythique dans toute sa maturité, on ne peut en douter lorsqu'on connaît la suite de l'histoire : Ronabwy et ses compagnons rencontrent successivement plusieurs guerriers de la troupe d'Arthur et, pour finir, le roi en personne. Lorsque Iddawc lui présente Ronabwy, la première réaction d'Arthur est de lui demander où il a trouvé *« ces petits hommes »*, puis il plaint le sort du pays *« qui se trouve entre les mains d'êtres aussi chétifs... par rapport aux hommes qui le détenaient jadis »*.

Aux yeux des mortels qui pénètrent dans l'Autre Monde, tous les grands héros peuvent sembler géants, car ce sont des archétypes, issus des niveaux les plus profonds de l'imagination humaine.

Plus loin dans ce même texte, nous trouvons d'autres épisodes du même ordre. Arthur et son neveu Owein commencent une partie de *gwyddbwyll*. C'est un jeu apparenté aux échecs, possédant de profondes significations symboliques. Pendant qu'ils jouent, un combat s'amorce entre les « corbeaux » d'Owein et les hommes d'Arthur ; des messagers se succèdent, apportant les nouvelles d'un carnage toujours plus terrible de part et d'autre.

A chaque message, c'est tantôt Arthur, tantôt Owein qui demande à son adversaire de retirer ses forces et la réponse, rituelle, est chaque fois la même : « *Le jeu continue.* » Enfin, la colère d'Arthur devient si grande qu'il écrase les pièces sur l'échiquier, les transformant en poussière d'or. Le combat cesse, alors, aussi soudainement qu'il avait commencé.

Cet étrange affrontement a plusieurs niveaux de sens. Les « corbeaux » d'Owein sont, en fait, des femmes de l'Autre Monde, possédant le don de changer de forme ; ce sont les sœurs de la mère d'Owein, la déesse Modron ; celle-ci, au plan des archétypes, représente la Grande Mère, mais aussi la Souveraineté, car elle est une déesse tutélaire de la Terre, du Royaume. En profondeur, le combat entre Arthur et son neveu a donc pour enjeu le pouvoir, la souveraineté sur le royaume intérieur de Bretagne. Il s'agit peut-être d'un événement annuel, d'un rituel anciennement pratiqué chez les hommes et qui continue dans l'Autre Monde, bien qu'Arthur se soit, depuis longtemps, retiré.

Car le roi, comme tous les grands héros mythiques, est immortel. La fin de sa carrière terrestre est marquée par la terrible bataille de Camlann (dont le site, pour certains, n'a pas été identifié). Arthur y combat son propre fils, Mordred, et reçoit de sa main une blessure que nul remède humain ne peut guérir. C'est alors que paraît la magicienne, Morgane — sa demi-sœur — qui, jusqu'à ce jour, s'était toujours comportée à son égard comme une implacable ennemie. Elle sonde la plaie, puis elle emmène le roi sur sa nef magique jusqu'en Avalon, le paradis des Celtes. Il y sera guéri et c'est là qu'il attendra le jour où l'adversité de son pays le rappellera dans notre monde.

*
* *

Le personnage d'Arthur possède, jusque dans le détail, toutes les caractéristiques d'un archétype mythique. Sa naissance est étrange, sa fin mystérieuse. Son rapport avec la Déesse de la Terre, ou les différents avatars qui la représentent, s'établit de bonne heure. Il réunit un grand nombre de héros qui s'assoient autour d'une table circulaire, image, selon Merlin, « *de la roton-*

dité du monde », mais aussi du cercle des cieux. Il se trouve en position d'équilibre polarisé par rapport à Morgane qui ne cesse de s'opposer à lui, jusqu'à la fin, où il apparaîtra qu'elle est, en fait, sa gardienne tutélaire et sa protectrice. Il possède des armes magiques, dont Excalibur bien sûr, l'épée qui doit être rendue au Lac lorsqu'il n'en aura plus besoin. Son départ laisse un monde amoindri, mais son rêve d'un royaume terrestre parfait et unifié demeure. Ce rêve sera repris, renouvelé ; il traversera les siècles jusqu'à notre temps et sans doute poursuivra-t-il sa carrière dans l'avenir.

Les grands romans ajoutèrent successivement de nouvelles dimensions à l'histoire d'Arthur. Ils tracèrent le grand cycle du Graal, annexant les aventures individuelles de nombreux héros, formant une constellation dont Arthur était l'astre central. C'est ainsi que se construisit le rêve. Non pas seulement le songe de Merlin, celui d'un royaume terrestre unifié, exprimant les plus hautes valeurs que l'homme ait pu connaître, mais l'aspiration concentrée d'un âge qui, même en ses moments de violence extrême, ne cessait de se hausser vers les cieux pour y toucher la main de Dieu. Si, comme le dit le Galaad, nous vivons dans « un monde instable », ce rêve exprime ce qu'on y trouve de meilleur. Il n'a jamais cessé de le faire et sa valeur demeure actuelle. N'est-ce pas assez pour confirmer son extraordinaire pouvoir ?

PREMIER EXERCICE :

Le Roi du Ciel Étoilé

Cet exercice est destiné à nous mettre en contact avec une réalité intérieure, toujours présente à l'arrière-plan du mythe arthurien. C'est un début. Explorant, par la suite, les antiques mystères de cette Tradition, vous verrez que bien des choses ont jailli de cette source.

*
* *

Fermez les yeux. Imaginez que vous êtes debout, au sommet d'une haute colline. C'est la nuit, vous entendez autour de vous les bruits nocturnes, le glapissement d'un renard, le cri aigu de la chouette. Au-delà des sons, l'air même semble vibrer d'une énergie profonde qui résonne en vous comme une note musicale. Vous levez les yeux et vous voyez que le ciel est plein d'étoiles. Elles brillent d'un éclat si vif qu'en levant la main, il vous semble que vous pourriez presque les toucher. Puis, tandis que vos regards sondent ces hauteurs, votre attention est attirée vers un secteur particulier du ciel, vers le nord. Vous y voyez une constellation que vous n'aviez jamais remarquée, une sorte de cercle. Au centre, une aire de ciel vide. Pendant que vous le contemplez, le cercle paraît grandir, il se rapproche et votre regard le traverse, comme s'il s'agissait d'une fenêtre ouverte dans le ciel.

C'est alors qu'au milieu de ce cadre, apparaissent de nouvelles étoiles, esquissant, sur le fond de la nuit, la silhouette d'un être couronné, comme souligné de lumière. C'est le Roi du Ciel Étoilé qui, toujours, se tient derrière l'archétype d'Arthur. Un grand bras de lumière descend jusqu'à vous. Vous vous sentez élevé dans les airs, comme dans la coupe d'une main géante, puis

Premier exercice : **le Roi du Ciel Étoilé**

déposé sur une île de nuages mais, sous vos pieds, le sol est ferme. Vous marchez un peu et vous voyez bientôt, devant vous, un tertre vert de peu de hauteur, couronné d'un bouquet d'arbres. Assis à l'ombre de leurs larges ramures, voici le Roi ; il a le menton posé sur la main et regarde avec attention quelque chose qui, pour vous, demeure encore caché. A votre approche, il se retourne ; dans ses yeux, vous voyez à la fois beaucoup de choses différentes : le ciel et les étoiles, votre propre visage, plus que cela encore. Vous y trouvez une compréhension nouvelle, une reconnaissance de ce qui constitue votre destinée. C'est, si vous le désirez, le moment de lui parler ou de vous asseoir, en silence, auprès de lui et de partager sa veille jusqu'à ce qu'il soit temps, pour vous, de partir.

Vous saurez quand il faudra le faire et vous prendrez alors congé du Roi. Avant votre départ, il vous offrira sa bénédiction. Vous êtes libre de l'accepter ou de la refuser. Si vous avez choisi de la recevoir, soyez assuré qu'elle se fera sentir longtemps dans votre vie, que son effet durera des semaines ou peut-être des mois.

Vous vous détournez et vous éloignez de l'île, marchant sur le sol nuageux. A nouveau, vous sentez qu'on vous soulève, qu'on vous porte, qu'on vous dépose à l'endroit où votre voyage avait commencé. Le cercle d'étoiles se fait plus petit, plus lointain. Vous reprenez conscience du ciel nocturne, de la colline sous vos pieds. Puis, cela aussi s'efface et vous retrouvez votre environnement habituel. Ouvrez les yeux et rétablissez le contact avec le monde extérieur.

II. **Merlin**

Visions et enchantements à Camelot

« Ceux qui connaissaient bien Merlin et avaient servi Uther Pendragon se présentèrent devant le Roi et lui dirent : " Sire, honorez grandement Merlin, car il fut bon prophète au temps de votre père et toujours aima votre famille. Il prédit à Vortigern sa mort et ce fut lui qui fit faire la Table Ronde. Veillez donc à ce qu'il soit fort honoré, car jamais ne l'interrogerez sur quelque chose que ce soit sans qu'il vous donne réponse. " Arthur leur répondit qu'il suivrait leur conseil. »

Le *Didot-Perceval.*

Dieu ou druide ?

S'il est un point focal où se concentre l'énergie de la Tradition arthurienne, c'est chez Merlin, plus qu'en tout autre personnage, que nous le trouverons. Conseiller de trois rois, prophète, sage ou magicien, jamais cette brumeuse silhouette ne se fixe assez longtemps pour que nous soyons assurés de sa véritable nature. La genèse du personnage, telle que nous la trouvons dans la « matière de Bretagne », est elle-même fort complexe.

Un des commentateurs dit qu'il fut un dieu de l'ancien peuple autochtone de Bretagne et que son logis, à Maridunum, était également le lieu de son culte. D'autres ont vu en lui un chaman ou un homme sauvage, le gardien intérieur du Royaume, un voyant dont les prophéties restent valables pour notre époque. Mais il échappe à toute définition précise ; ses origines, comme sa destinée finale, restent aussi mystérieuses qu'au temps de ses premières apparitions. Ses propres paroles ne font que le rendre plus impénétrable encore : « *Parce que je suis obscur et le serai toujours, il convient que mon livre soit lui aussi obscur et mystérieux dans les lieux où je n'apparaîtrai point.* »

On distingue, cependant, certains jalons de sa carrière. Sous la forme que nous lui connaissons, il paraît d'abord dans l'œuvre du pseudo-historien Geoffroy de Monmouth (1), soit que ce dernier ait entendu parler de Merlin dans son enfance, à Monmouth même, soit qu'il ait appris son existence plus tard, quand il devint évêque de Saint-Asaph, dans le nord du Pays de Galles. Quoi qu'il en soit, le rôle qu'il attribue à Merlin dans son *Historia* est considérable. Il écrivit — ou compila — également un recueil des prophéties de Merlin qui fut inclus dans son œuvre majeure comme partie intégrante de l'histoire de l'ancienne Bretagne.

Des générations d'érudits ont contesté la véracité de son livre. Les critiques les plus anciennes le rejettent sans appel comme un indiscutable faussaire. Plus récemment, on a préféré mettre l'accent sur la valeur de son œuvre en tant que recueil de contes traditionnels et de folklore. L'excellente étude de R.J. Stewart sur les prophéties de Merlin établit que Geoffroy dut avoir accès à quelque source importante se rapportant aux paroles inspirées de Merlin, mais on ne sait s'il s'agissait d'un authentique recueil de textes ou simplement d'un ensemble de traditions attachées au personnage.

Telle qu'elle est rapportée par Geoffroy, l'occasion qui motive le déchaînement de ces prophéties mérite d'être rappelée en détail. Vortigern, un roi mineur, tente d'augmenter son pouvoir en utilisant des mercenaires saxons. Il s'agit de combattre les Pictes, dans le Nord, ou d'autres ennemis plus proches. Il y gagne, tout d'abord, une certaine popularité mais son étoile ne tarde pas à décliner, car les Saxons arrivent, de plus en plus nombreux, s'appropriant sans cesse de nouvelles terres. Pour finir, les fils du Haut Roi de Bretagne s'en reviennent de leur exil à la tête d'une armée et Vortigern doit s'enfuir au Pays de Galles où il a l'intention de construire une place forte. Ayant choisi le site, il met ses bâtisseurs au travail mais, chaque nuit, leur ouvrage

1. Déjà cité au chapitre I.

se trouve détruit pour une raison qui reste mystérieuse. Vortigern consulte ses druides et apprend d'eux que seul le sang d'un enfant sans père, versé sur les pierres, permettra d'achever la forteresse. Les soldats de Vortigern, envoyés à la recherche de cet enfant, découvrent Merlin à Carmarthen — selon Geoffroy, le nom de cette cité dérive de « Kaer Myrddin », la Ville de Merlin. Ce garçon est le fils d'une princesse galloise. On ne lui connaît pas de père. La femme et son enfant sont amenés devant le roi et la mère de Merlin explique qu'elle a toujours mené une existence dévote et pure, mais qu'un être doré s'est présenté dans sa chambre et lui a fait cet enfant. Vortigern fait montre d'un certain scepticisme.

C'est alors que Merlin lui-même prend la défense de sa mère, mettant Vortigern et ses druides au défi de découvrir la raison pour laquelle ils ne parviennent pas à achever leur tour. Sous la colline, assure-t-il, se trouve un lac, au fond du lac un coffre de pierre et, dans ce sarcophage, deux dragons — dont l'un est rouge et l'autre blanc — se battent férocement chaque nuit, faisant trembler la terre. C'est ce qui fait crouler sans cesse le travail des maçons du roi. Vortigern ordonne de creuser sur les lieux et l'on découvre que tout était bien comme Merlin l'avait annoncé. Le sage enfant explique alors que le dragon rouge symbolise la Bretagne, et le blanc les Saxons. Il prophétise qu'après un temps le blanc finira par vaincre le rouge, puis il entre en transe (2).

Dans le livre de Geoffroy, les quatorze pages qui suivent sont consacrées à ses vaticinations, décrivant l'avenir de la race jusqu'à la fin des temps. Merlin y annonce, entre autres, la venue d'Arthur, « le Sanglier de Cornouailles » qui *« libérera le pays de ces envahisseurs, foulant leurs nuques sous ses pieds »*, puis il prévient Vortigern que sa mort est proche. La fin de cette extraordinaire explosion prophétique prend des allures d'apocalypse, annonçant le bouleversement des maisons planétaires, ainsi que des chutes de pluie mortelles :

2. Cet épisode de la vie de Merlin est rapporté dans *le Roman du roi Arthur* de Xavier de Langlais. Jean Markale donne des résumés de tous les textes relatifs à Merlin (sa vie et l'œuvre qui lui est attribuée) dans son livre *Merlin l'Enchanteur* (voir *Bibliographie*) (N.d.E.).

« En un clin d'œil, les mers se soulèveront et l'arène des vents sera rouverte. Les vents se livreront bataille en rafales de mauvais augure et le tumulte de leurs combats se répercutera parmi les constellations. »

La structure et le contenu de ces prophéties suggèrent, chez leur auteur, une remarquable connaissance des vagues de fond et des marées qui déterminent le sort du monde. La vision que Merlin offre de l'avenir n'est pas moins terrifiante que celle d'un Nostradamus. On ne sait d'où Geoffroy tira cette partie de son œuvre, mais il est certain qu'elle n'est pas de son cru, et cela impliquerait plutôt, comme nous l'avons dit, l'accès à quelque source de savoir traditionnel attaché au personnage de Merlin.

Geoffroy lui-même, on l'a vu, prétendait avoir traduit « *un certain livre très ancien* » qui lui aurait été prêté par l'archidiacre Walter d'Oxford. Cet ouvrage serait, selon lui, la source unique de son œuvre. Comme il n'existe à ce jour aucune trace de ce livre, on considère généralement qu'il s'agit, de la part de Geoffroy, d'une pure invention destinée à rendre plus crédible son *Historia* fantaisiste. Certes, rien n'empêche vraiment qu'un pareil livre ait existé, mais il est bien évident, quelles que soient ses sources, que Geoffroy a considérablement embelli ce qu'il nous conte. On connaît, par ailleurs, l'origine de l'histoire que nous venons de rapporter. Elle se trouve dans les écrits attribués à Nennius — l'une des rares chroniques, incidemment, qui soit contemporaine de l'ère arthurienne. Le jeune prophète se nomme ici Ambrosius et c'est sans doute pour éviter toute confusion avec Ambrosius, fils de Constantin, qui renversa Vortigern, que Geoffroy emprunte le nom de « Merlin » à un autre personnage du cru, « Myrddin Wyllt », Merlin le Sauvage. Il est d'ailleurs fort possible que ce dernier ait réellement vécu au VIIe siècle, soit en Écosse, soit au Pays de Galles. Ce Myrddin Wyllt serait donc approximativement le contemporain d'Arthur, et il se peut qu'une tradition vivante concernant un grand chef guerrier et son conseiller inspiré se soit transmise jusqu'à l'époque de Geoffroy, qui nous la restitue sous une forme altérée.

Mais quelle que puisse être la vérité, son récit ne manqua pas d'exercer, par la suite, une profonde influence sur le développement du personnage de Merlin. Rappelons que l'*Historia* de Geoffroy eut, tout au long du Moyen Age, un très grand succès. C'est sans doute grâce à cette impulsion initiale que le phénomène littéraire arthurien acquit l'ampleur qu'on lui connaît. Après l'épisode de la tour de Vortigern et les premiers épanchements prophétiques, Merlin entreprit de mener à bien une série d'exploits prodigieux. Parmi ceux-ci, nous retiendrons le déplacement d'un cercle de pierres, appelé « Danse des Géants », que le magicien aurait transporté d'Irlande jusque dans la plaine de Salisbury, pour qu'il serve de mausolée aux rois de Grande Bretagne.

Bien que, de toute évidence, on ne puisse attribuer à Merlin la fondation de ce monument mégalithique — Stonehenge en l'occurrence — il est fort possible, à nouveau, que Geoffroy fasse état d'une tradition se rapportant à sa construction. Merlin servit ensuite les deux fils du roi Constantin, Ambrosius Aurelianus et Uther Pendragon, le père d'Arthur. C'est encore à Geoffroy que nous devons l'histoire de la conception du héros. Merlin, par sa magie, donne à Uther l'apparence du mari d'Ygerne, duchesse de Cornouailles, afin qu'il puisse, avec elle, engendrer le futur roi.

Plus tard, Merlin deviendra le conseiller d'Arthur et c'est seulement dans ce rôle que toutes les versions consécutives à celle de Geoffroy se souviendront de lui. Il sert donc trois rois en tant que prophète et conseiller, appuyant chacun d'eux par une série d'actions remarquables. Notons qu'il n'est jamais dépeint comme un simple magicien de cour. Il y aura toujours, chez lui, quelque chose de fiévreux et d'indompté, les vestiges d'une dimension plus sauvage et plus étrange, celle de l'Autre Monde. Cela aussi, nous le devons grandement à Geoffroy.

La vie de Merlin

En effet, Geoffroy de Monmouth n'en avait pas fini avec Merlin. Il allait écrire, en vers latins, un autre ouvrage, la *Vita Merlini,* ou *Vie de Merlin,* dans laquelle il donnera au portrait du célèbre prophète une ampleur toute nouvelle, nous présentant d'ailleurs un personnage très différent de celui de sa première œuvre. Ce nouveau Merlin est né prince, de plein droit. Rendu fou par les scènes de carnage de la bataille d'Arderydd, il s'enfuit et, pendant bien des années, mène dans les déserts l'existence d'un animal sauvage. Puis il recouvre la raison et c'est alors, seulement, qu'il est reconnu comme un sage et un grand prophète.

En cela, Geoffroy ne faisait toujours que reprendre les traditions relatives au personnage mystérieux de Myrddin Wyllt, dont on peut supposer qu'il vécut réellement dans la Bretagne post-arthurienne. La mémoire collective lui aurait adjoint, par la suite, certains éléments empruntés à un être plus primitif encore, peut-être un dieu, ce qui le rattacherait à des époques très anciennes. Quant au Myrddin historique, certains de ses écrits ont survécu, montrant qu'il était un poète fort estimable.

Les Pommiers

Doux pommier aux branches touffues !
Pour plaire à la jeune pucelle,
A ton pied je récoltais la nourriture,
En ces temps où j'avais mon écu sur l'épaule,
Mon épée au côté,
Où je dormais seul dans les bois de Kelyddon.

Entends, ô petit cochon !
Il est temps de t'appliquer à la raison.
Entends les oiseaux dont les notes sont plaisantes.
Lundi, des souverains s'en viendront d'outre-mer.
Bénis sont les Kymry (les Gallois) *d'un tel dessein !*

Doux pommier, croissant le long de ce rivage,
Je parle de toi, je dis que ton fruit merveilleux
Ne profite guère à celui qui te garde.
Au temps où ma raison n'était pas aberrante,
Pommier, je vivais sous tes ombrages
Avec une belle, une jeune pucelle joueuse,
Modèle de beauté — superbe était sa forme !

Quarante années, puis dix encore,
Jouet des hommes sans loi,
Je n'ai plus cessé d'errer,
Sombre, parmi les esprits...

Doux pommier, bel arbre aux fruits vermeils,
Croissant, ignoré, dans les bois de Kelyddon,
Ils ont cherché ton fruit, mais en vain.

En vain, tant que Kadwaladyr
Ne reviendra des assemblées de Rhyd Rheon,
Tant que Kynon à sa rencontre
Ne mènera l'assaut, face aux Saxons.

Les Kymry seront vainqueurs — Glorieux leurs chefs !
Chacun retrouvera ses droits
Et les Bretons se réjouiront,
Ils sonneront les trompes de la joie,
Ils chanteront des chants de paix et de bonheur.

*
* *

Cette poésie, pleine de références curieuses, rappelle, entre autres, la tradition selon laquelle Myrddin vécut isolé, dans les bois, avec un porc pour seul compagnon (le porc, pour les Celtes, était un animal sacré). Elle situe Merlin — ou Myrddin — au cœur de la tradition vivace des bardes du Pays de Galles. Avec celles de Taliesin, d'Aneurin, de Llwyarch Hen, ses œuvres s'inscrivent dans un ensemble littéraire qui a survécu, bien que fortement remanié, jusqu'à nos jours. Je crois avoir montré, dans mon étude sur Gauvain, que cette tradition préserve certains vestiges d'un chamanisme originel, propre aux îles Britanniques. Bien que le ton soit différent, beaucoup d'actes magiques attribués à Merlin dans des récits plus tardifs se retrouvent, identiques, dans ce fonds primitif.

Tissant ensemble les fils de ces diverses traditions, Geoffroy établissait le canevas sur lequel de nombreuses générations d'écrivains broderont, par la suite, leurs histoires. Le prophète faiseur de merveilles de l'*Historia* et de la *Vita* fut très en vogue auprès des audiences médiévales — et sa popularité se poursuit, d'ailleurs, à l'époque actuelle. De nombreux textes lui attribuèrent un rôle toujours croissant, au point qu'il finit par devenir l'un des personnages centraux de la Tradition.

Le fils du Diable

Sans doute était-il inévitable qu'un être aussi doué pour la lecture des influences astrales et la prédiction de l'avenir finisse par être associé, dans la conscience médiévale, aux pratiques de la nécromancie et, par conséquent, au Diable. Robert de Boron, auteur franc-comtois de la fin du XIIe siècle, avait — comme nous le verrons au chapitre VI — complété de détails nouveaux l'histoire du Graal. Il en fit autant pour Merlin, en lui attribuant des origines fort différentes de celles des premiers récits.

Il nous décrit la fureur des démons de l'Enfer lorsque le Christ descendit dans leur domaine surpeuplé pour y racheter les âmes par centaines (3). Leur réaction à cette purgation des enfers sera de comploter la naissance d'un *antéchrist,* en la personne de Merlin. Ils envoient auprès d'une femme très pure un démon mineur, de ceux que l'on nomme *incubes,* afin de la suborner et d'engendrer un enfant du Mal. Ils sont frustrés dans leur dessein par l'intrinsèque bonté de la mère, car elle s'adresse à un prêtre qui baptise l'enfant avant que le Péché n'ait pu s'incarner en lui. Couvert d'une toison à sa naissance, il se montre capable de parler et de raisonner dès les premiers jours de son existence. Les poils tombent au moment du baptême, mais il conserve la parole, ainsi que le don de voyance.

Les talents de Merlin reçoivent ainsi une explication acceptable pour des lecteurs chrétiens. L'étrange personnage doré de l'ancienne histoire devient un suppôt de l'Enfer, le « dieu » se change en diable. Quant aux pouvoirs, attributs parfaitement légitimes chez un dieu celtique, ils prennent les couleurs du merveilleux, de la magie et dérivent de la nécromancie. Mais leur effet reste le même ; devenu magicien, Merlin n'en continue pas moins à régner en maître.

On notera avec intérêt que, dans la *Vita Merlini* de Geoffroy, sa mère est princesse de Dyvet, de sorte que Merlin est prince par sa naissance, ce qui ajoute une nouvelle couleur à cette tapisserie déjà si bigarrée. Aucune chronique connue ne

---

3. Ce texte est inclus sous le titre de *Merlin et Arthur* dans *la Légende arthurienne* (voir *Bibliographie*) (N.d.E.).

Blaise écrit sous la dictée de Merlin.
(Photo Bibliothèque nationale, ms. 95, fol. 223.)

mentionne un aristocrate du nom de Merlin ou de Myrddin, mais cela ne signifie nullement qu'un tel personnage n'ait pas existé. S'agissant de Merlin, la superposition du mythe et de l'histoire est d'ailleurs si complète qu'il est pratiquement impossible, actuellement, de distinguer ce qui revient à l'un ou à l'autre.

Ainsi, Merlin le prophète semble avoir hérité d'une part des attributs ou des pouvoirs d'un autre personnage, un certain Lailoken. Ce fou inspiré, semi-mythique lui aussi, semait la tempête dans les Basses-Terres d'Écosse, à peu près à l'époque où Merlin pourrait avoir connu le sommet de sa carrière. A travers lui, le magicien reçoit certains traits du saint écossais Kentigern, qui contribua à ramener Lailoken à la raison.

L'une des histoires communes à Lailoken et à Merlin concerne le rire. Tous deux éclatent trois fois de rire dans des circonstances qui ne semblent pas le justifier, faisant ainsi preuve d'un étrange savoir. Merlin rit en voyant une feuille dans les cheveux de la femme de son ami le roi Rydderch ; c'est qu'elle l'a récoltée à son insu lors d'un rendez-vous adultère. Le second rire s'adresse à un mendiant dont Merlin sait qu'il est assis à l'endroit précis où se trouve enfouie une jarre pleine d'or. Enfin, il rit en voyant un jeune homme acheter une paire de chaussures neuves, parce qu'il sait qu'il est destiné à mourir le jour même.

Nous avons là un thème ancien, dont la source est orientale. Il en est de même pour d'autres épisodes de la carrière de Merlin, au point qu'un commentateur, Shaver, pense qu'il faut lui attribuer des origines bien plus lointaines qu'on ne le fait habituellement. Mais cela ne fait, au fond, que démontrer combien le personnage de Merlin s'accorde avec l'image universelle du magicien. Comme pour d'autres poètes, Taliésin le Celte ou Virgile le Romain, la connaissance démontrable de significations cachées et de niveaux inhabituels de compréhension fit qu'on lui attribua les qualités d'un mage. A cela s'ajoute la dimension prophétique, venue de Lailoken ou de plus loin encore, et la somme de ces éléments finit par composer l'image que nous connaissons, celle du sage enchanteur de la cour d'Arthur.

Mais il faut encore compter avec l'arrière-plan chamanique. Il en reste des traces reconnaissables, telles que la faculté de changer de forme à volonté, souvent, d'ailleurs, pour prendre celle d'un cerf, animal totémique typique du chamanisme. De même pour les paroles inspirées et, surtout, pour le thème de la triple mort, identifié par R.J. Stewart dans ses deux ouvrages sur Merlin.

Ganieda (Gwendydd), la sœur de Merlin, désire vérifier qu'il a bien retrouvé la raison ; à titre d'épreuve, elle lui présente trois fois le même jeune homme sous divers déguisements. Merlin lui prédit chaque fois une fin différente : il sera pendu, il se noiera, il fera une chute mortelle. Toutes ces prédictions se réalisent, car le garçon tombe du haut d'une falaise, reste suspendu par la cheville à une branche, la tête sous l'eau de la rivière, et finit par se noyer.

Dans l'histoire de Lailoken, c'est pour lui-même que le fou prédit une triple mort et nous pouvons penser qu'il en était de même, à l'origine, pour Merlin. Ce thème est d'une très haute antiquité. Il dérive directement de l'auto-initiation et de la fausse mort du chaman. On le retrouve, transposé en symbole ésotérique, dans la lame du tarot « le Pendu », illustrant les rapports du chaman-magicien avec les éléments.

Bien que ces différents aspects de Merlin puissent être définis séparément, l'ensemble du portrait demeure cohérent, suggérant, sous cette extrême diversité, une figure unique. Malgré les différences superficielles, nous retrouvons la même similarité de fond dans les récits qui nous disent comment Merlin se retira du monde.

Merlin et Viviane

Dans les poèmes gallois attribués à Myrddin, la référence à « *une belle pucelle joueuse* » confirme l'antériorité du thème final de la vie de Merlin. Il s'agit de son amour fatal pour Gwendydd (Ganieda) qui deviendra la fée Viviane ou Niniane (Nimue chez Malory). On nous dit qu'elle lui déroba son pouvoir et s'en servit pour l'emprisonner, toujours vivant, jusqu'à la fin des temps.

La première mention de « Viviane » se trouve dans la section relative à Merlin dans le *Lancelot-Graal*, un ensemble de textes écrits par un certain Gauthier Map (en fait, des auteurs différents se regroupant sous ce nom). Ce sont des textes d'une portée spécifiquement chrétienne, mais ils utilisent un très large éventail d'ouvrages plus anciens. L'un de ceux-ci proposait une version plus complexe du *Merlin* de Robert de Boron.

Nous apprenons que le forestier Dyonas, ainsi nommé pour sa dévotion à la déesse Diane, avait une fille, Niniane (ou Uiuiane). La déesse lui fit la prédiction suivante :

« *Nous t'accordons, le dieu de la mer et des étoiles et moi-même... que le premier enfant du sexe féminin que tu engendreras soit grandement désiré par l'homme le plus sage de la terre... Il lui enseignera la plus grande part de son savoir et de son art en matière de nécromancie. L'ayant vue, son désir d'elle sera si grand qu'il n'aura nul pouvoir de s'opposer à ses vœux et lui enseignera toute chose qu'elle lui demandera.* »

On peut donc considérer que Viviane se trouve, en quelque sorte, sous l'égide de Diane et que Dyonas est le « filleul » de cette même déesse, euphémisme indiquant qu'il est, en fait, un de ses adorateurs. Quant à la prophétie, elle se réalise en tout point, comme nous le voyons dans l'histoire suivante, empruntée à la version de Malory (4) :

« *Merlin fut pris d'une folle passion pour l'une des Demoiselles du Lac, nommée Nimue* (Viviane). *Il ne lui laissait aucun repos, désirant à tout moment être auprès d'elle et toujours elle lui fit bonne figure, jusqu'à ce qu'elle eut appris de lui tout ce qu'elle voulait savoir. Or, il était hébété par son désir... et toujours... l'importunait pour qu'elle lui cédât son pucelage, si bien qu'elle se lassa fort de lui, souhaitant être délivrée de sa présence, puisqu'il était le fils du Diable... Il arriva qu'un jour, Merlin lui fit voir un rocher, auquel était grande merveille... Par ses travaux subtils elle obtint que Merlin allât sous la pierre... mais le fit de telle manière que jamais il n'en put sortir, quelque habileté qu'il employât à le faire... Alors, elle s'en fut et le laissa là...* »

Voici donc un Merlin âgé, rendu stupide par le désir qu'il éprouve pour une belle demoiselle — et c'est, par surcroît, l'une des Dames du Lac — qui lui soutire peu à peu ses secrets et s'en sert pour l'emprisonner. Ce portrait peu flatteur ressort d'une attitude assez commune chez les auteurs médiévaux. Ayant affaire à des histoires fort primitives et païennes, ils essayaient, bien sûr, de leur donner une signification chrétienne. C'est ainsi qu'au lieu d'être conçu par un être de l'Autre Monde, Merlin devient le fils du Diable et que Viviane dont le père servait la déesse Diane, nous est décrite comme une tentatrice dont les pouvoirs dérivent uniquement de ceux du magicien.

La *Vita Merlini* donne à Merlin une sœur, Ganieda (Gwendydd), dont la sagesse est égale à la sienne. Lorsque sonne pour lui, comme pour tous les grands initiés, l'heure où il doit s'éloigner de ce monde, Ganieda l'accompagne au lieu de sa retraite, un merveilleux observatoire à soixante-douze fenêtres.

---

4. Livre IV, chapitre I.

Ils y passent leurs nuits à observer les étoiles et leurs jours à de longues discussions philosophiques sur le sens de la création. Peut-être pourrions-nous voir dans cette histoire l'origine première de Viviane. De sœur du prophète, elle serait devenue la tentatrice qui se sert de sa ruse pour lui ôter son pouvoir. Quant à l'idée d'un Merlin vieilli, elle semble bien être erronée, car nulle part son âge n'est spécifié. En fait, il peut prendre la forme d'un adolescent ou celle d'un vieillard selon ce qu'exigent les circonstances.

Autre trait significatif, le dernier être qui entendit la voix de Merlin est, lui aussi, l'un de ces personnages que les interprètes les plus christianisants se croyaient obligés de rabaisser. Il s'agit de Gauvain qui, comme nous l'avons dit ailleurs, fut d'abord le champion de la Déesse mais finit par devenir un assassin et un libertin. Qu'il ait été, passant près de la grande pierre où le mage était emprisonné, en forêt de Brocéliande, le dernier à entendre le « cri de Merlin », paraît donc particulièrement approprié.

Par la suite, ce tombeau sera connu sous le nom de *Perron de Merlin* et c'est là que les Chevaliers de la Table ronde se réuniront au départ de mainte aventure. Merlin s'est retiré, mais son influence sur les actes du monde arthurien continue à se faire sentir. Ce qu'il avait semé au début du règne d'Arthur contenait en puissance l'épanouissement final de la Quête du Graal, bien que celle-ci ait commencé longtemps après son départ.

Notons, à ce propos, ces paroles qui nous viennent d'une autre version. Merlin assure qu'il doit se retirer *« parce qu'il faut que ceux qui s'assemblent ici croient à la vérité des événements dont ils seront témoins ; il ne faut pas qu'ils pensent que ces choses arrivent à cause de moi »*. En ce temps-là, comme aujourd'hui, les paroles d'un prophète qui avait quitté le monde valaient plus que celles d'un maître tangible.

La version la plus mystérieuse du départ de Merlin (5) nous dit qu'il se retira dans un *esplumoir*. Ce mot n'a pas de sens précis. Certains pensent qu'il désigne la « cage de mue » où l'on plaçait les faucons lorsqu'ils perdaient leurs plumes. Symbolique-

5. Voir l'épilogue de *Merlin et Arthur* dans *la Légende arthurienne* (voir *Bibliographie*) (N.d.E.).

ment, cela paraît assez clair. Si Merlin s'en va, c'est pour se dévêtir de la forme qu'il assumait dans la vie terrestre et endosser son vêtement spirituel. De l'intérieur de la cage aux mues, il voit bien plus de choses qu'auparavant, le champ de son influence est bien plus étendu ; dépassant les limites du royaume d'Arthur, elle s'adresse désormais au monde entier. Merlin demeure, selon le mot de Carl Jung, « *l'antique fils de la mère* », celui dont le regard pénètre jusqu'aux plus grandes profondeurs, celui qui peut, par son travail dans les règnes intérieurs, préparer l'intégration de l'homme au divin, car tel est le but final de tous ceux qui, comme lui, sont les collaborateurs de Dieu.

*
* *

Nous voyons donc qu'à tous les niveaux, Merlin correspond à ce que de tels hommes ont appelé « le maître intérieur ». Il est la grande âme, capable de participer volontairement à l'histoire extérieure de la création. Sa seule présence suffit à élever la Tradition arthurienne au-dessus de bien d'autres sagas du même ordre. Dans les chapitres qui suivent, nous verrons que cette dimension intérieure est toujours présente, qu'elle ne cesse d'empiéter, au-dehors, sur l'évolution apparente des histoires.

SECOND EXERCICE :

La Tour de Merlin

Vous êtes debout sur une verte chaussée qui serpente entre les champs fleuris de bleuets. Devant vous, à peu de distance, tendue vers le ciel dans l'air limpide du milieu de la matinée, se dresse une tour haute et mince. En approchant, vous remarquez qu'elle a d'étroites fenêtres indiquant cinq étages et une porte en bois, actuellement fermée. Sur la porte, un curieux heurtoir affecte la forme de deux serpents entrelacés. Le vantail porte une inscription : *La Sagesse du Cœur.*

Vous saisissez le heurtoir et vous frappez trois coups. La porte s'ouvre toute seule, révélant un escalier de pierre dont les marches usées conduisent aux étages supérieurs. Vous montez, en comptant les marches, et c'est alors que vous commencez à sentir certains changements de votre métabolisme. Votre respiration se ralentit, votre pouls devient fort et régulier, votre vue, enfin, semble devenir plus aiguë. Malgré l'obscurité intérieure de la tour, vous n'avez aucun mal à trouver votre chemin.

Bientôt vous parvenez au premier étage. C'est une chambre circulaire dont le seul mobilier est un grand miroir, dans un cadre sculpté. Au-delà, vous apercevez un second escalier. Vous pouvez choisir de regarder dans le miroir ou de ne pas le faire. Il se peut qu'il vous révèle la vraie nature de votre « moi » ou qu'il vous montre des événements de votre vie passée ou future. Si vous avez choisi de ne pas regarder ou, dans le cas contraire, après avoir passé un moment à contempler le miroir, vous continuez votre ascension. Maintenant, c'est comme si la conscience immédiate que vous avez des choses se faisait plus pénétrante. Les pierres qu'effleurent vos doigts semblent avoir la qualité d'une matière vivante, l'air que vous respirez est bien plus lim-

Second exercice : **la Tour de Merlin**

pide qu'on ne s'y attendrait à l'intérieur d'une tour et paraît vivre, lui aussi.

Vous arrivez au second étage, dans une pièce identique à la précédente, sauf que les murs sont recouverts de tapisseries. Vous y voyez des scènes qui ont, pour vous, un sens profond, une signification toute personnelle. Il se peut à nouveau que ce soient des épisodes de votre passé ou de votre avenir, ou encore des images dont le pouvoir est celui des archétypes, dont le contenu, au-delà de ce qu'il vous apporte, possède une portée universelle. Comme précédemment, vous pouvez choisir de les examiner en détail ou de continuer à monter.

Dans l'escalier, vous ressentez un nouveau changement. Cette fois, c'est de l'ouïe qu'il s'agit. Vous percevez les bruits les plus infimes, les grattements des souris derrière les pierres, les frôlements des araignées, tissant leurs toiles complexes, le chant lointain des oiseaux, au-dehors. Tout est net et clair comme le cristal. A la limite de l'audible, vous devinez des voix. Elles chantent, et la musique qu'elles font est d'une beauté surnaturelle.

Vous parvenez au troisième niveau. La pièce, cette fois, est remplie de lumière, provenant d'un grand globe de cristal situé en son centre. Approchez-vous, si vous le désirez, et regardez à l'intérieur de la sphère. Peut-être y découvrirez-vous comment vos désirs les plus secrets pourraient se réaliser et ce sera pour vous un moment difficile, car ce que nous voulons n'arrive pas toujours par des voies que nous aurions souhaitées. Voyez ce qu'il vous faut voir ou, si vous préférez ne pas interroger le globe, continuez votre ascension.

A ces niveaux, la nature du changement intérieur devient subtile. Vous commencez à prendre conscience de connexions, de liens unissant toutes sortes de choses différentes. Des idées, des images qui, jusque-là, semblaient exister séparément entrent

Second exercice : **la Tour de Merlin**

maintenant en résonance et de nouvelles pensées, de nouvelles figures prennent forme.

Voici le quatrième palier. C'est un espace aux parois transparentes comme du verre mais qui laissent aussi passer le vent du dehors. Il est chargé de parfums, apportant dans la tour toutes les senteurs riches et délicates de la nature. Grâce à l'intensité toute nouvelle de votre vue, vos regards portent plus loin que d'habitude, embrassant un paysage fertile et varié. Montagnes, vallées, rivières et torrents, forêts, vertes collines, terres vierges de cultures, tapis colorés des champs et des jardins. Vous apercevez aussi des maisons, la fumée de leurs cheminées monte paresseusement dans le bleu du ciel. Vous croyez découvrir l'Autre Monde, le paradis sur terre, et vous n'êtes pas loin de la vérité car il s'agit de Logres, le Royaume intérieur des deux Bretagnes, où régna jadis le roi Arthur.

Ayant rempli vos yeux de ce spectacle, ayant goûté l'air vif comme du vin, vous continuez à monter jusqu'au cinquième et dernier niveau. C'est une pièce agréable et bien aérée, des étagères pleines de livres couvrent les murs, toutes sortes d'objets curieux s'entassent ici et là. Un personnage est assis dans un fauteuil devant l'âtre où gronde un grand feu de bois, vêtu d'une robe bleu sombre. Malgré ses cheveux blancs son visage est jeune et ses regards vous pénètrent jusqu'au fond de l'âme. C'est Merlin, le fils sans âge de la Mère. La tour dont vous venez de gravir les étages lui appartient. Il vous fait un sourire de bienvenue. Si vous le désirez, vous pouvez maintenant lui parler, l'interroger sur toute chose qui vous paraît importante ou qui vous trouble. Aucune question ne sera trop étrange pour lui, aucune ne risque de le choquer, car il a lu dans le grand livre des étoiles et connaît tout ce qui peut arriver. Si vous n'avez pas de question, s'il n'y a rien de spécial dont vous souhaiteriez parler, vous pou-

Second exercice : **la Tour de Merlin**

vez vous asseoir auprès de lui en silence, jusqu'à ce que vous soyez prêt à partir.

Lorsque vous l'êtes, Merlin se lève et vous offre une boisson claire dans un gobelet d'argent. Vous êtes libre de l'accepter ou de la refuser, mais soyez certain, si vous avez bu, que vous y trouverez la quintessence de la sagesse de Merlin, qu'il s'agit de la vérité même. Puis, Merlin écarte une tenture, dévoilant une petite porte de bois. Il l'ouvre, vous fait signe de passer... et vous vous retrouvez à l'endroit où vous aviez commencé votre voyage. Laissez un moment s'écouler, afin de reprendre contact avec votre environnement physique, puis ouvrez les yeux. Dans les jours qui viennent, vous vous apercevrez que vos sens conservent une plus grande acuité. Ce ne sera que pour un temps, mais le reste, ce dont vous aurez parlé avec Merlin, toute chose que vous aurez pu apprendre à l'intérieur de la tour, demeurera en vous. Vous pourrez vous y référer chaque fois que le besoin s'en fera sentir.

III. La Table ronde

Aventures dans les forêts de l'Esprit

« Arthur n'entendit jamais louer quelque chevalier qu'il ne le voulut compter parmi ceux de sa maisonnée... Parce qu'il y avait en son château tant de nobles seigneurs, chacun se mettant en peine d'être le chevalier le plus hardi et ne voulant point qu'on le jugeât moins digne d'éloges, Arthur fit une Table ronde... ordonnant que lorsque cette noble et belle compagnie s'y viendrait asseoir pour les repas, tous les sièges fussent semblables et le service égal pour tous, aucun n'ayant sa place plus avant ni plus bas que celle de ses compagnons. Ainsi nul ne se pouvait vanter d'être plus élevé que les autres, car tous étaient de la même manière assemblés autour de la table et nul n'était omis lorsque Arthur rompait le pain. »

Wace, le *Roman de Brut*.

Une table à la semblance du monde

Lorsque les guerres qui avaient accompagné l'accession d'Arthur au trône furent terminées, il voulut prendre femme. Bien que Merlin l'ait mis en garde, lui prédisant qu'elle le tromperait, il choisit Guenièvre, fille du roi Léodagan de Carmelide. Elle lui apporta dans sa dot une table que Merlin avait faite à la demande d'Uther Pendragon, le père d'Arthur. C'était « *une table ronde à la semblance du monde* ». Cent cinquante chevaliers pouvaient s'y asseoir sans que les places n'établissent entre eux de préséances. Arthur demanda à Merlin de lui trouver suffisamment de chevaliers, « *les plus grands par les prouesses autant que par la piété* », pour occuper au moins cinquante sièges.

Merlin le fit et cinquante autres chevaliers vinrent de la cour de Léodagan, de sorte qu'en ce premier jour ils étaient cent. Ayant fait hommage à Arthur, ils entrèrent dans la salle où se trouvait la Table ronde. Ils virent alors qu'un nom était inscrit en lettres d'or sur le dossier de chaque siège. Ils y trouvèrent leurs propres noms, ainsi que beaucoup d'autres annonçant les chevaliers de l'avenir. Deux sièges, cependant, ne portaient aucune inscription. Merlin dit que ceux-là aussi trouveraient en leur temps un occupant.

Les Compagnons de la Table ronde se réunirent pour la première fois le jour du mariage d'Arthur et de Guenièvre. Ce même jour portait en lui le germe de ce qui provoquerait l'effondrement final du grand rêve arthurien, mais ces ombres étaient encore lointaines. Le plus noble idéal chevaleresque venait de naître, dont la renommée trouverait plus d'un écho dans les siècles à venir. Nombreux seraient les rois qui, dans d'autres pays, s'en inspireraient, cherchant à égaler Arthur, instituant, à l'imitation de la Table ronde, leurs propres ordres de chevalerie.

La première aventure ne se fit pas attendre, car à peine étaient-ils assis pour le repas qu'un cerf blanc apparut dans la salle, suivi par un chien également blanc et par une meute de limiers noirs. A toute allure, la chasse fit le tour de la table, le chien blanc mordit le cerf qui fit un grand bond, renversant le chevalier le plus proche. Celui-ci se saisit au passage du chien et sortit en grande hâte. A l'instant suivant, une dame parut, exigeant qu'on lui rende son chien. Avant que quiconque ait eu le temps de lui répondre, un chevalier en armes, monté sur son destrier, entra au galop, souleva la dame de terre et l'emporta de vive force.

Comme on peut l'imaginer, ces événements suscitèrent de la surprise et peut-être aussi un certain amusement car Merlin se leva pour dire que nul ne devait prendre à la légère de telles aventures. Arthur envoya donc deux de ses chevaliers, son propre neveu, Gauvain, et Tor, fils illégitime du roi Pellinore, l'un à la poursuite du cerf et l'autre à la recherche du chien. Quant à la dame qui venait d'être enlevée, il en chargea Pellinore lui-même, ce vieux guerrier chevronné méritant toute sa confiance.

C'est ainsi qu'un même incident provoque à lui seul trois aventures différentes qui nous sont aussitôt contées en détail. Ce sont les premières d'une série d'entreprises similaires qui commencent toutes par l'arrivée à la cour d'un chevalier ou d'une dame, demandant à Arthur ou aux Compagnons de la Table ronde secours ou faveurs. Pour autant que la requête soit honnête et juste, elle ne peut être refusée car, après cette première et triple aventure, tous ont prêté serment :

« Ne jamais commettre d'outrage ni de meurtre et toujours fuir la félonie ; ne jamais se montrer cruel en aucune façon, mais accorder merci à qui le demande, sous peine de perdre à tout jamais la révérence et la seigneurerie qu'ils tiennent du roi Arthur ; toujours, sous peine de mort, secourir les femmes, demoiselles et dames de haut rang. De plus, nul homme ne combattra par injuste querelle au sujet des lois, ni pour les biens de ce monde. Ce serment fut juré par tous les Chevaliers de la Table ronde, jeunes ou vieux, et fut renouvelé chaque année, à la grande fête de la Pentecôte. »

Ces règles sont simples. Elles s'appuient avant tout sur l'idéal chevaleresque du Moyen Age, connu de tous mais rarement exprimé. Étant humains, tous ne parviendront pas, bien sûr, à se hisser au niveau d'excellence exigé par le roi mais, dans l'ensemble, ils resteront fidèles à l'honneur de la Table ronde. Comme en réponse à l'existence même de celle-ci, les événements les plus étranges vont se multiplier de toutes parts et les occasions d'être mis à l'épreuve ne feront jamais défaut.

Arthur établit une coutume selon laquelle, à chaque fête majeure, il ne prenait aucune nourriture tant que quelque aventure merveilleuse ne lui avait été rapportée. C'est ainsi que, pour les chevaliers, se dessine un certain style de vie ; ils « font errance », chevauchant par le pays à la recherche de torts à redresser, de vilenies à combattre. Des confrères sont secourus aussi bien que les dames, des chevaliers félons sont renversés, tués, ou envoyés auprès du roi pour implorer son pardon. Beaucoup de ces vaincus deviennent à leur tour des membres de la Table ronde, renonçant à leurs anciennes manières. Mais il en vient toujours d'autres et l'aventure se renouvelle. Montés sur leurs hauts destriers, les grands chevaliers font résonner du tonnerre de leurs galops les forêts du pays. L'objet de leur quête n'est autre que le rêve de leur roi, établir sur la terre un royaume parfait.

Forêts et terres aventureuses

Les aventures des Chevaliers de la Table ronde ont presque toujours pour cadre les profondeurs de la forêt primitive. Reflet, sans doute, de l'aspect que pouvait présenter une grande part du paysage au temps des premiers romans médiévaux, ce trait recèle aussi des significations plus profondes. Image symbolique d'un monde encore sauvage où les choses les plus étonnantes cessaient d'être improbables, où l'étrange guettait toujours les imprudents, la sylve représentait aussi un certain état d'esprit. Au cours de la longue errance de la naissance à la mort, elle était ce lieu qu'il faudra traverser un jour, « forêt impénétrable » selon Dante, où l'âme « sur le milieu du chemin de la vie » voit s'ouvrir devant elle mille voies obscures sous les arbres et ne sait laquelle choisir.

La forêt faisait aussi partie de l'Autre Monde, elle était une vaste étendue inexplorée, aux frontières de la Terre du Milieu et de la Terre des Fées. On a pu nommer certains de ses cantons : Brocéliande, Inglewood... Pour pénétrer de son plein gré dans ces halliers nocturnes aux reflets de magie, il fallait bien que l'on soit un chevalier en quête d'aventures. Un jour qu'il s'adonnait aux plaisirs innocents de la chasse, Arthur lui-même y chevauchait, quand il fit la rencontre d'un être terrifiant, Gromer Somer Jour. Ce personnage — dont le nom signifie « l'Homme du Jour d'Été » — avait pouvoir de le lier par ses enchantements. Il exigea que le roi donne réponse à une question impossible sous peine, s'il échouait, des plus terribles conséquences.

Une autre fois, toujours à la chasse, la reine Guenièvre et le chevalier qui l'escortait — c'était Gauvain — furent séparés des autres chevaliers. Il leur fallut chercher refuge non loin de l'inquiétant lac Watheling, point de départ de nombreuses aventures, où le spectre de la mère de Guenièvre leur apparut. S'adressant à eux « *avec d'horribles jappements* », elle les mit en garde, prédisant un avenir funeste.

Si la forêt était propice aux rencontres effrayantes, elle cachait aussi des merveilles. Surgies de ses profondeurs, de ravissantes femmes du pays des fées venaient séduire les chevaliers errants ou les mettre à l'épreuve. Souvent, leur but était de se faire épouser par l'un d'eux. Elles avaient de lui un fils, apportant ainsi à la Table ronde une ascendance de l'Autre Monde.

C'est ce qui arriva au chevalier Lanval, héros d'un des *lais* de Marie de France (1). S'étant égaré dans l'Autre Monde, il y fit la rencontre d'une belle fée et l'épousa. Elle lui fit jurer d'en garder le secret, sous peine de perdre à jamais son amour, mais il ne put tenir entièrement sa promesse. Un jour, Guenièvre en personne lui déclara qu'elle l'aimait. Les avances de la reine devinrent si pressantes qu'en désespoir de cause il finit par dire que la beauté, pourtant célèbre, de la reine n'égalait pas celle de sa bien-aimée.

Cet aveu lui ayant valu l'inimitié de Guenièvre, Lanval préféra s'exposer au bannissement ou même à la mort plutôt que d'en dire davantage. Il subit une dernière humiliation lorsque la fée elle-même parut à la cour. Elle était effectivement plus belle que toutes les dames présentes. Elle enleva le chevalier *« pour le mener, à ce que l'on croit, en Avalon »*.

Les femmes que l'on rencontrait dans l'Autre Monde n'étaient pas toutes aussi belles que celle-ci, ni leurs discours aussi séduisants. Ainsi Ragnall, l'un des nombreux archétypes de la Déesse, dans son rôle de dispensatrice de la Souveraineté. Elle paraît sous les traits d'une hideuse demoiselle. Par ruse, en échange d'une faveur elle obtient d'Arthur qu'il promette de lui donner pour époux son neveu, Gauvain. Lorsqu'elle arrive à la cour, la grossièreté de son allure et de ses manières est telle que pour nous, lecteurs, elle annonce déjà la transformation à venir. En effet, pendant la nuit de noces, il se révèle que Ragnall était victime d'un enchantement. Grâce à l'amour et à la compréhension de Gauvain elle retrouvera sa beauté.

En d'autres lieux de la forêt profonde, erre la Bête Questive, être étrange tenant du lion, du serpent et de la chèvre. Au bruit qu'elle fait, on pourrait croire que trente couples de limiers

1. Voir en *Bibliographie*.

aboient dans ses entrailles. Arthur l'aperçoit pour la première fois avant d'être couronné roi, alors qu'il est encore adolescent. La bête lui présage la rencontre de Merlin et celui-ci apparaît, en effet, d'abord sous la forme d'un enfant, puis sous celle d'un vieillard. Il révèle à Arthur sa parenté et les circonstances de sa naissance, faisant plus d'une référence cryptique aux événements de l'avenir. De la bête il ne dit rien, mais nous apprenons qu'elle naquit d'une femme qui avait condamné un homme à être déchiré par les chiens. Cette bête n'existe que pour être « questée ». Le roi Pellinore la suivra pendant bien des années. Après sa mort, la chasse sera reprise par un chevalier sarrasin nommé Palomides, mais il ne réussira jamais à l'atteindre car c'est un animal enchanté, une « merveille » de l'Autre Monde, qui ne peut être capturée ni tuée par un simple mortel *(le Morte d'Arthur).*

Les hommes et les femmes qui avaient pouvoir de se transformer en animaux n'étaient pas rares dans le monde arthurien. *Le Chevalier au Papegau* (2) nous montre Arthur poursuivant une curieuse bête composite qui finit par devenir un vénérable vieillard aux cheveux blancs. Un autre *lai* de Marie de France nous offre l'une des plus anciennes apparitions littéraires du loup-garou. Bisclavret, un chevalier affligé de cette malédiction, commence par être trompé par sa femme, puis subit l'humiliation d'être mué en bête et ne retrouve sa forme humaine qu'après avoir été loup pendant de nombreuses années.

C'est dans les *Mabinogion,* et plus particulièrement dans le *mabinogi* d'*Owein et Luned* ou *la Dame de la Fontaine,* que nous rencontrons le Seigneur des Animaux. Ce personnage n'a qu'un pied, un seul bras, un œil unique. Il commande aux animaux de la forêt et ceux-ci se rassemblent autour de lui comme des paroissiens à l'écoute d'un sermon. Le chevalier Kynon lui demande quel est son pouvoir. *« Je vais te le montrer, petit homme »*, répond-il.

« Ayant saisi sa massue, il en donna un grand coup sur le dos d'un cerf qui se mit aussitôt à bramer avec force. Alors, les animaux de la forêt se rassemblèrent, aussi nombreux que les étoiles du firmament... Il les regarda, puis il leur dit d'aller paî-

2. Voir en *Bibliographie,* sous le titre : *La Légende arthurienne.*

Lancelot terrassant le dragon.
(Photo Bibliothèque nationale, ms. 112, fol. 23.)

tre. Tous, ils baissèrent la tête et lui firent hommage, comme des vassaux à leur seigneur. »

D'autres chevaliers sont accompagnés d'un animal particulier. Pour Yvain, c'est un lion. Pour Gauvain, une mule merveilleuse ou un cheval qui le conduit en d'étranges contrées. Toutes ces bêtes sont, dans une certaine mesure, comparables aux animaux totémiques des chamans, dont le rôle était de guider les âmes dans leur voyage vers l'Autre Monde.

La guerre avec l'Autre Monde

Tant d'êtres étranges et fantastiques émergent des tréfonds de la forêt qu'on finit par se demander s'il n'y avait pas, entre Arthur et les habitants de l'Autre Monde, une sorte de conflit. Dans le poème gallois *Preiddieu Annwfn (les Dépouilles de l'Abîme)* (3), Arthur mène une bande de héros aux pouvoirs extraordinaires jusqu'au royaume des dieux. Leur but est de s'approprier un chaudron magique, dont nous apprenons qu'il est « *chauffé par l'haleine de neuf filles* ». Arthur et ses hommes traversent sept niveaux dont chacun est défendu par une forteresse (les noms de ces places fortes sont cités : Kaer Siddi, Kaer Rigor, Kaer Vandwy, Kaer Perdyvan, Kaer Goludd, Kaer Ochren). Ils dérobent le chaudron mais, remarque laconiquement le poète, « *sept d'entre eux seulement s'en revinrent, et pas un de plus* ».

Souvent, les royaumes féeriques et celui d'Arthur se recouvrent en partie. Même dans la Quête du Graal, le plus grand défi, peut-être, que jamais ne releva la Table ronde, la tapisserie écarlate du rêve et du miracle chrétiens ne cesse de laisser paraître, comme autant de fils d'argent, les signes et les symboles de l'Autre Monde.

C'est sans doute dans *les Lais* de Marie de France, déjà évoqués à deux reprises, que la dimension magique se manifeste avec le plus de constance. Marie s'inspirait des contes, tout imprégnés de folklore féerique, que la tradition orale véhiculait encore à travers la France et la Bretagne armoricaine. Récits celtiques, histoires de sorcellerie et de magie, mais parés de vêtements cour-

3. Déjà cité au chapitre I.

tois, *les Lais* furent écrits, au XIIe siècle, pour le divertissement d'un public élégant à la cour d'une autre Marie, celle de Champagne, fille de la redoutable Aliénor d'Aquitaine. Ajoutons en passant que cette dernière eut fort bien tenu le rôle de quelque noble dame de l'entourage d'Arthur.

Par les Terres Aventureuses, « *droit devant et sans faillir* », les Chevaliers de la Table ronde sillonnent le pays, du Pin Noir à la Fontaine de Barenton, cachée au plus profond du Val sans Retour. Tous les reconnaissent à la merveilleuse imagerie dont s'ornent leurs blasons — ce ne sont que taureaux, aigles, corbeaux, lions — et partout on recherche leur noble compagnie, partout on les appelle à l'aide. Comme les fins tireurs légendaires de l'Ouest américain, on les provoque aussi pour se mesurer à eux et prouver ainsi que l'on appartient à la meilleure chevalerie du pays. Peut-être même espère-t-on gagner ainsi l'un des sièges de la Table ronde.

Nombre de personnages importants du cycle arthurien sont issus de deux grandes familles : Orcanie et Galles. Gauvain, Guerrehet, Agravain et Gaheriet sont fils du roi Lot d'Orcanie et de son épouse Morgause, demi-sœur d'Arthur et mère incestueuse du bâtard Mordred. La famille de Galles comprend Perceval, Lamorat, Agloval qui, chez Malory, sont tous fils du roi Pellinore (cet auteur ne donne pas le nom de leur mère). Pellinore eut aussi de nombreux enfants illégitimes — parmi ceux-ci le grand chevalier Tor — et une fille légitime, parfois nommée Dandrane, qui joua un rôle important dans la Quête du Graal.

Une constante rivalité opposait ces deux familles. Le meurtre de Lot par Pellinore ayant mis le feu aux poudres, la faction d'Orcanie, menée par Gauvain, entreprit plusieurs attaques vengeresses et sanglantes, à la suite desquelles Lamorat et Morgause trouvèrent la mort. Découvrant qu'ils étaient amants, Guerrehet tua sa propre mère et les frères s'unirent pour liquider Lamorat.

Malgré ces conflits meurtriers, les Compagnons de la Table ronde restent, pour Malory, « *le plus haut des ordres de chevalerie* ». L'idéal qu'il a conçu dépasse de loin les pratiques de son époque, mais certains traités — comme celui de Raymond Lulle — offrent une vision similaire. Ce mystique espagnol établit un parallèle entre la chevalerie et la prêtrise, le rôle de l'empereur, suzerain tutélaire de tous les chevaliers étant, selon lui, apparenté à celui du pape. (Arthur n'était que roi, mais il est vrai que certains textes vont jusqu'à faire de lui l'empereur de Rome.)

La Table ronde elle-même finit par représenter bien autre chose qu'un simple lieu de rencontre pour les chevaliers. Robert de Boron, s'efforçant, comme nous l'avons vu pour Merlin, de remonter le temps jusqu'aux origines les plus antiques, ajouta à son histoire une dimension nouvelle. Selon lui, la Table d'Arthur aurait été faite à l'image de deux autres. La première, celle de la Cène, où le Christ et ses apôtres s'étaient assis à la veille de la Passion, aurait été copiée par les Rois du Graal, un tel reposoir étant jugé seul digne de porter la Sainte Coupe dont ils avaient la garde. Enfin, une troisième Table, œuvre de Merlin, rassembla les chevaliers jusqu'au jour où le Graal y parut, et cet événement les dispersa sur les voies de la Haute Quête, la plus noble de toutes, pour laquelle ils s'étaient, depuis longtemps, préparés.

Mais en amont de cette idée, il en existe une autre dont les tonalités symboliques sont plus subtiles encore. De nombreuses traditions anciennes nous disent que, dans les règnes sidéraux, de puissants êtres tiennent un concile dont le but est de mener à bien les desseins du divin Créateur. Ils siègent, eux aussi, autour d'une table ronde. Lorsque Merlin fit venir d'Irlande les pierres de la Danse des Géants, créant ainsi le cercle de Stonehenge, il les disposa, dit-on, à l'image de cette table sidérale. Il importe peu que Merlin n'ait pas construit Stonehenge, car nous avons affaire au langage symbolique du mythe qui s'est élaboré, couche après couche, dans la conscience collective de l'humanité. Merlin bâtit donc sur la Table de la Terre son temple circulaire, ajoutant une dimension supplémentaire à la triple image de Robert de Boron. Ces correspondances ressortiront du tableau suivant :

Tradition	**De Boron**
Table ronde sidérale	Table de la Cène
Table ronde d'Arthur	Table du Graal
Table ronde de la Terre	Table d'Arthur

Nous voyons s'établir ici une relation hiérarchique : d'une part les règnes sidéraux, le royaume terrestre d'Arthur, le caractère sacré de la Terre, de l'autre l'éclosion mystique du message chrétien, son expression dans les mystères du Graal (4) et les Compagnons de la Table ronde dont la vocation est d'entreprendre la quête du « vaissel » (vase) sacré.

*

* *

En s'appuyant sur les moyens extérieurs du symbolisme, c'est donc bien d'une réalité intérieure que nous parle la Tradition arthurienne. Après la mort des chevaliers sur le terrible champ de bataille de Camlann (Salisbury dans certains textes), il ne se trouva rien qui put les remplacer. Le pays retomba dans l'anarchie qu'il avait connue avant la venue d'Arthur, les Terres Aventureuses s'effacèrent de la mémoire de ceux qui, quelque temps, les avaient recherchées ; la Forêt de l'Autre Monde fut abattue. Mais le rêve continuait d'exercer son pouvoir et, pour nous, il vit encore. Ils sont toujours présents, ceux qui venaient s'asseoir à la Table ronde pour écouter les récits des chevaliers et s'élancer, peut-être, à leur tour sur les chemins de l'aventure, bravant les sortilèges de l'Autre Monde.

4. Voir au chapitre VI.

TROISIÈME EXERCICE :

La Table ronde

La Table ronde fut toujours un lieu de rencontre pour des hommes qu'un même esprit avait uni et qui désiraient partager la vision intérieure née de leur quête. C'est ce qu'elle devrait être encore pour ceux qui suivent aujourd'hui la voie de la Tradition arthurienne. Le présent exercice se propose de vous aider à établir un lieu intérieur où vous pourrez inviter vos amis, ceux du dedans comme ceux du monde extérieur, afin de mettre en commun vos expériences et vos intuitions.

*

* *

Commencez par situer le cadre des Terres Aventureuses. Placez-vous à nouveau en un lieu élevé où vos regards embrassent un vaste paysage, si riche et si varié que vous désirez vivement le parcourir et l'explorer. Des aventures vous y attendent, susceptibles de changer totalement le cours de votre existence car c'est, vous le savez, le pays intérieur de Logres, l'ancien royaume magique d'Arthur où tout peut arriver, où les parois qui séparent les mondes du dedans et ceux du dehors sont aussi transparentes que du verre. Vous parcourez des yeux cette terre de merveilles et vous voyez au loin le reflet du soleil sur le toit d'un bâtiment. Transportez-vous, dans le corps imaginal (5), jusqu'au seuil. Pour vos regards intérieurs, c'est une vaste construction circulaire que ses murs de cristal font scintiller comme un immense joyau.

5. Voir l'ouvrage de Jean Houston : *Psychologie sacrée* (Éditions Dangles), où l'on trouvera des exercices pour le développement du corps imaginal.

Troisième exercice : **la Table ronde**

Devant la porte se tient un personnage dont l'armure a l'éclat du soleil. C'est messire Keu, le sénéchal de la cour d'Arthur, à qui vous pouvez demander la permission d'entrer. Ne vous inquiétez pas de ses manières bourrues. Il fut l'un des grands chevaliers de la Table ronde, le frère adoptif et bien-aimé du roi. Si vos raisons de faire cette demande sont justes — vous seul pouvez savoir si elles le sont — il vous laissera certainement passer.

Vous êtes maintenant à l'intérieur de ces murailles cristallines. Au centre de la salle s'élève la Table ronde, toute de bois massif, ornée de signes et de curieux symboles. Alentour, plusieurs rangs de chaises à haut dossier portant chacune le nom du chevalier qui l'occupe. Sur l'un de ces sièges, il y aura votre propre nom. Messire Keu vous y mènera.

C'est le moment de vous demander quel peut être votre rôle dans les mystères de la Table. La réponse à cette question déterminera la nature de vos prochaines expériences ; soyez donc aussi honnête qu'il vous est possible de l'être. Il n'est pas temps de vous asseoir dans le cercle intérieur, auprès des plus grands chevaliers ; c'est un honneur qui doit être gagné. De nombreuses occasions d'y parvenir vous seront offertes. En temps utile, vous connaîtrez des aventures et des épreuves qui vous en rendront digne.

Pour l'instant, soyez attentif, écoutez, apprenez. En prenant place, vous avez vu que de nombreux sièges sont déjà occupés par ceux qui vous ont précédé. Beaucoup d'entre eux vont parler de leurs aventures ; ils auront des histoires à raconter, des visions à partager. Vous pouvez rester aussi longtemps que vous le désirez car le temps, ici, n'a plus d'importance. Si vous avez de la chance, peut-être verrez-vous le roi, ou bien Guenièvre viendra-t-elle écouter les derniers récits des chevaliers. Un jour

Troisième exercice : **la Table ronde**

viendra où vous aurez, vous aussi, quelque chose à dire, où tous les regards de l'assemblée se porteront sur vous. En attendant que ce jour arrive, écoutez, apprenez, et surtout souvenez-vous.

Lorsque vous serez prêt à partir, levez-vous en silence, quittez la salle de cristal comme vous y êtes entré, prenant congé de messire Keu. Il se souviendra de vous et vous accueillera volontiers lors de votre prochaine visite. Laissez maintenant les images du lieu et du paysage s'effacer de votre regard intérieur, éveillez-vous, rétablissez le contact avec l'endroit où votre voyage a commencé. Vous pourrez revenir à la Table ronde aussi souvent que vous le voudrez. Chaque fois vous en apprendrez davantage, puis le temps viendra où vous souhaiterez vivre une aventure dont vous serez vous-même le héros. Vous trouverez alors un guide intérieur qui vous aidera de ses conseils (6).

6. Ce sera le sujet du quatrième exercice.

IV. **Déesses et Guides**

Morgane et les femmes de l'Autre Monde

« Alors, sans crainte et sans hésitation, Gereint s'élança dans le brouillard... Lorsqu'il en ressortit, il vit qu'il se trouvait dans un grand verger ; dans le mitan de ce verger, il y avait une clairière ; dans la clairière, une tente de satin rouge. La porte de la tente était ouverte ; devant la porte croissait un pommier ; sur une branche du pommier pendait un énorme cor de chasse... A l'intérieur de la tente, il n'y avait qu'une personne, une jeune fille, assise sur un fauteuil doré ; vide, en face d'elle, un autre fauteuil. Et Gereint... entra et s'y assit. »

Mabinogi de *Gereint, fils d'Erbin.*

Les Déesses montrent la Voie

Dans un certain sens, on peut dire que la majorité des femmes qui apparaissent dans le cycle arthurien sont, ou ont été, des déesses. A première vue, ce n'est pas toujours évident mais l'équivoque n'est due qu'à la christianisation progressive des récits primitifs, aux attitudes changeantes de générations de conteurs dont chacun tendait à modifier, voire à supprimer, les aspects les plus « païens » des contes qu'ils rapportaient.

Ainsi, Morgane, dont les origines ont pu être retracées jusqu'aux déesses irlandaises Macha et Morrigan devient, dans l'univers arthurien, une simple magicienne, ou c'est ce que retient une lecture superficielle. Les textes disent qu'elle était la fille de Gorlois, duc de Tintagel, et d'Ygerne de Cornouailles. Après la mort de son père, lorsque l'événement de la naissance d'Arthur eut été, en quelque sorte, aménagé par Merlin, elle fut *« mise à l'école d'un couvent où elle devint fort érudite en matière de nécromancie »*.

Il n'est pas difficile de deviner ce qui se cache derrière cette simple phrase. Elle se réfère aux temps anciens où, lorsqu'une enfant possédait quelque talent de double vue ou se montrait douée de toute autre manière dans le domaine du surnaturel, on l'envoyait faire son éducation dans un de ces collèges de prêtresses qui furent, jadis, florissants dans les îles de Bretagne et en Irlande. Le nom de « fée » restera associé à celui de Morgane, ce qui montre que, même dans les romans médiévaux, elle conserva toujours une part de son ancienne qualité divine.

Pour Malory, qui nous la décrit comme une magicienne capable de changer de forme, elle est aussi l'une des trois mystérieuses reines qui apparaissent après la bataille de Camlann, emmenant Arthur en Avalon *« afin qu'il soit guéri de ses blessures »*. C'est là qu'il attend l'heure où l'adversité de son pays le fera revenir.

Dans la *Vita Merlini,* Geoffroy de Monmouth fait à nouveau appel à une tradition ancienne lorsqu'il nous parle des neuf sœurs, vivant au-delà des vagues dans « l'Ile Fortunée » ou « l'Ile des Pommiers » :

« La première d'entre elles, continue-t-il, *est la plus habile aux arts de guérison et surpasse ses sœurs pour la beauté. Son nom est Morgane. Elle connaît les vertus de toutes les plantes, de sorte qu'elle peut soigner et guérir les maladies du corps. Elle possède aussi l'art de changer de forme et, comme Dédale, celui de fendre l'air, emportée sur des ailes neuves. »*

Toujours chez Malory, on voit Morgane faire usage de ses dons de métamorphose. Poursuivie par Arthur et ses chevaliers, elle prend la forme d'un rocher, dissimulant de la même façon les gens de son escorte.

Les neuf sœurs et l'île merveilleuse de Geoffroy correspondent en tout point aux descriptions connues de l'Autre Monde celtique. Il paraît évident que Morgane doit être l'esprit tutélaire, ou la déesse de ce lieu. Quant à son animosité à l'égard d'Arthur — étant son demi-frère, il possède lui aussi une ascendance féerique — elle n'est qu'un aspect de l'éternel défi que la Déesse oppose à ses serviteurs, les mettant sans cesse à l'épreuve pour distinguer ceux d'entre eux qui méritent ses faveurs.

Morgane apparaît à nouveau dans un merveilleux poème anglais du XIIIe siècle : *Sir Gawain and the Green Knight* (Gauvain et le Chevalier Vert) (1). Dans ce conte, c'est elle qui détermine l'arrivée à Camelot d'un monstrueux géant vert. L'exemple est typique du rôle assumé par les déesses dans la littérature arthurienne, et mérite d'être rapporté en détail :

« La Cour s'est assemblée pour la fête de Noël, mais avant que la cérémonie ait pu commencer, un violent coup de tonnerre annonce l'arrivée dans le palais d'un personnage monstrueux. Armé d'une hache impressionnante, il pénètre à cheval dans la salle. Cet être est vert de pied en cap, ses cheveux, ses vêtements et même sa monture sont verts. Il se moque de l'assemblée et propose à quiconque aura le courage de l'affronter un " jeu de Noël " dont il indique aussitôt les règles. Il s'exposera à recevoir, de la part d'un homme de l'assistance, un coup porté avec sa propre hache mais, en retour — et c'est la condition du jeu — il frappera lui-même son assaillant. Personne, pour commencer, ne relève le défi mais lorsque Arthur en personne se lève, Gauvain, son jeune neveu, accepte l'épreuve. Il ne porte qu'un seul coup, tranchant ainsi la tête du Chevalier Vert mais, au grand effroi de tous, le géant se relève, ramasse sa tête, l'élève au-dessus de lui, et les lèvres se mettent à bouger. Ayant annoncé qu'il attendrait Gauvain un an plus tard à la Chapelle Verte, le monstre remet sa tête sur ses épaules et s'en va comme il était venu.

« L'année se passe et Gauvain se met en route, afin de tenir sa parole. Il ignore totalement où se trouve la Chapelle Verte. Ses errances le conduisent jusqu'aux Déserts de Wirral où il doit affronter de dangereux trolls et souffre grandement du mauvais temps hivernal. A demi mort de froid et de fatigue, il arrive enfin au château du seigneur Bercilak, personnage d'une taille gigantesque, qui lui offre l'hospitalité et le présente à sa très belle épouse. Celle-ci a pour compagne une hideuse vieille. Bercilak

1. La version française de ce poème est résumée dans *la Mythologie celtique* de Yann Brekilien (voir *Bibliographie*) (N.d.E.).

affirme qu'il connaît l'emplacement de la Chapelle Verte ; à cheval, dit-il, il suffit de quelques heures pour s'y rendre, puis il annonce son intention de partir à la chasse. Gauvain refuse poliment de l'accompagner, préférant prendre quelque repos. Bercilak propose alors une manière de jeu : il cédera à Gauvain le produit de sa chasse pourvu que celui-ci lui donne en échange toute chose qu'il aura pu gagner en son absence.

« A peine est-il parti que son épouse entre dans la chambre de Gauvain et tente par tous les moyens de le séduire. Gauvain résiste, mais elle le contraint d'accepter un unique baiser. Lorsque Bercilak revient avec son butin de chasse, Gauvain le lui échange contre une embrassade. Les deux journées suivantes verront se répéter la même scène, la dame du château renouvelant auprès de Gauvain ses avances amoureuses et lui donnant deux, puis trois baisers qui seront dûment restitués à Bercilak. Le troisième jour, Gauvain révèle la raison de sa présence, ajoutant qu'il a fort peu de chances de survivre. La châtelaine lui offre alors un baudrier vert, assurant que s'il le porte sur lui il sera préservé de tout mal. Gauvain, après quelques hésitations, finit par accepter ce cadeau mais ne déclare pas son gain du jour au maître des lieux.

« Le lendemain, il part pour la Chapelle Verte. Il y trouve le Chevalier Vert, occupé à aiguiser sa hache. Gauvain s'agenouille dans la neige et tend le col. Son adversaire feinte par deux fois, ce qui a pour effet de mettre Gauvain en colère. Il prie le chevalier de le frapper carrément et d'en finir. Le troisième coup entame légèrement le cou du héros qui bondit aussitôt sur ses pieds, déclarant que l'honneur est sauf et qu'il appelle le Chevalier Vert à se défendre. Le géant éclate de rire et dit que le jeu est terminé. Il révèle qu'il est le seigneur Bercilak et que son apparence monstrueuse résulte d'un sortilège de Morgane la déesse. La vieille commère que Gauvain a aperçue au château, c'est elle. Son but était d'effrayer Guenièvre et de mettre à l'épreuve les chevaliers d'Arthur. Gauvain s'en est tiré à son honneur, sauf qu'il a gardé pour lui le baudrier vert, cadeau de la Dame. C'est la raison pour laquelle le troisième coup de hache lui a entamé la peau. Gauvain rentre à Camelot et raconte son aventure. Pour célébrer le succès de l'épreuve, tous les chevaliers décident, en l'honneur de Gauvain, de porter sur eux du vert. »

Cette extraordinaire histoire dérive d'une très ancienne source irlandaise. Le poète a fortement minimisé le rôle de Morgane, cherchant à faire une allégorie chrétienne de ce qui était, essentiellement, un conte païen du solstice d'hiver. (Cela ne l'empêche pas de retenir, pour Morgane, le qualificatif de « déesse » que l'on trouve également chez deux autres auteurs médiévaux.)

Ayant traité cette question en détail dans mon étude sur Gauvain, j'ajouterai seulement que la présence de Morgane dans ce poème est, en fait, le ressort principal de l'histoire. En effet, il ne s'agit ni plus ni moins que d'une initiation destinée à mettre à l'épreuve le héros et, à travers lui, tous les compagnons de la Table ronde. Tout cela ne fait que préparer Gauvain à une destinée plus glorieuse encore, car il deviendra le « chevalier de la Déesse », son champion et son amant dans le monde des hommes.

Cette séquence initiatique se poursuit et se complète dans un autre poème anglais datant, comme le précédent, du XIIIe siècle. Il s'agit de *The Wedding of Sir Gawain and Dame Ragnall* (le Mariage de Messire Gauvain et de Dame Ragnall), dans lequel Gauvain, comme on l'a vu plus haut, doit épouser une affreuse sorcière, sauvant ainsi le roi de la mort promise par le terrible Gromer Somer Jour.

La nuit des noces, Gauvain voit sa vilaine épouse se métamorphoser en ravissante jeune femme, mais elle le met devant un nouveau dilemme : préfère-t-il qu'elle soit belle la nuit et laide le jour, ou l'inverse ? Sa réponse est de lui laisser le choix, et c'est ainsi que le sort se trouve dénoué. Gauvain lui a donné la « souveraineté », le droit d'être elle-même, d'exprimer à sa guise sa nature, privilège fort rare dans l'ambiance répressive du Moyen Age.

A l'arrière-plan de cette curieuse histoire se profile un thème très ancien, où la Déesse de la Souveraineté en personne rencontre le jeune roi et, par les tests qu'elle lui impose, démontre son aptitude à régner sur le territoire ancestral. Gauvain est ici le substitut d'Arthur. Lorsqu'il deviendra le chevalier de la Déesse, c'est par son intermédiaire que celle-ci dispensera sa bénédiction à la terre, au royaume. Le choix de Gauvain, neveu d'Arthur, n'est pas étranger à cette logique. On sait, en effet, que chez les Celtes le statut qui s'attachait au fils de la sœur était égal, sinon supérieur, à celui des enfants de ligne directe. Nous pouvons même déceler un effet de symétrie dans le fait qu'Arthur aura un fils de sa demi-sœur Morgause. Les romans font d'elle la sœur de Morgane, mais il est facile de rapporter les deux événements au même personnage, celui de la Déesse, éprouvant le jeune roi. Mordred, en l'occurrence, est destiné à devenir l'instrument de la chute d'Arthur. Peut-être faut-il voir ici la Némésis qui le punit d'avoir, par orgueil, refusé au fils de sa sœur le droit de régner, selon la loi celtique. (Ce trait se manifeste également chez Arthur lorsqu'il ordonne que la tête de Bran le Béni soit exhumée de la Colline Blanche, à Londres, sous prétexte que lui seul est habilité à préserver le pays de ses ennemis.)

La Fiancée de Fleurs et la Déesse Sombre

Dans la version anglaise de *Gauvain et le Chevalier Vert,* il est clairement spécifié que Morgane envoie le géant à la cour dans le but d'effrayer Guenièvre. Plusieurs niveaux d'interprétation sont possibles. Pour une part, nous avons affaire à une rivalité ancienne car Guenièvre, dans les débuts du règne d'Arthur, avait banni de la cour l'un des amants de Morgane, préludant ainsi à de longues hostilités. Mais il existe, entre les deux femmes, une opposition d'une tout autre nature, car elles sont déesses l'une et l'autre, avec des attributs fort différents.

Morgane, conformément à l'ascendance qui la relie à la cruelle Morrigan irlandaise, est une déesse des ténèbres, symbolisant les puissances de l'hiver et de la guerre. Guenièvre, qui fut aussi une déesse, tire ses origines d'une tout autre catégorie de divinités, celles qu'on a pu appeler les « Fiancées de Fleurs », personnifiant le printemps, la floraison de la vie, le bourgeonnement et la croissance des plantes. Ces deux femmes occupent donc les pôles d'une éternelle opposition. L'amour de Guenièvre pour Lancelot, qui deviendra son chevalier servant, précipitant ainsi la ruine de la Table ronde, peut même, dans cette perspective, être vu comme un épisode du conflit des éléments, de la lutte constante entre les champions de l'été et ceux de l'hiver, s'affrontant pour la Jeune Fille du Printemps.

Nous trouvons une version de ce mythe dans le *mabinogi* de *Pwyll, Prince de Dyvet,* lorsque celui-ci et Arwn, le Seigneur de l'Autre Monde, échangent leurs places pour le temps d'une année. Pwyll doit livrer bataille — car c'est l'une des tâches rituelles d'Arawn — dans un combat annuel contre Hafgan (Chant d'Été). L'enjeu en est Kreiddylat, la Jeune Fille du Printemps. On ne doutera plus de l'importance de ce thème si l'on sait qu'il eut des échos, au Pays de Galles, jusqu'en plein XIXe siècle. Des équipes de joueurs, menées par un Seigneur de l'Été et un Seigneur de l'Hiver, mimaient un combat pour la possession symbolique de la Jeune Fille du Printemps.

Dans les contes arthuriens, Lancelot, le champion de Guenièvre, devient l'ennemi juré de Gauvain, chevalier de la Déesse et, de ce fait, champion de Morgane. Les deux hommes commencent par être amis et le resteront, au cours de nombreuses aventures communes, jusqu'à ce que Lancelot tue accidentellement le frère de Gauvain. Il est significatif que ce soit justement dans un épisode où il doit délivrer Guenièvre. Bien avant cela, Lancelot a eu affaire à toute une série de provocateurs qui ont insulté la reine, l'ont accusée de tromper Arthur et sont allés, parfois, jusqu'à l'enlever.

Pour plusieurs raisons, les épisodes d'enlèvement sont particulièrement révélateurs car l'un des rôles de la Fiancée de Fleurs est précisément d'être enlevée par l'un des prétendants, puis délivrée par l'autre. Il se forme ainsi une chaîne sans fin où les polarités s'inversent successivement au rythme des changements saisonniers. Pour en revenir à Guenièvre, il paraît évident qu'elle eut, jadis, une vocation similaire, comme le suggère nettement un épisode de la *Vita Gildae,* vie de Gildas, de Caradoc de Llancarvan.

Ce texte décrit les actes de ce saint du VIe siècle qui pour rait bien avoir connu le personnage historique d'Arthur. Nous y trouvons l'histoire de l'enlèvement de Guenièvre par un roi du nom de Melvas. Elle sera délivrée par Arthur, non sans une intervention providentielle du saint. Le même récit reparaît dans plusieurs textes de la littérature arthurienne, mais le ravisseur est alors un chevalier du nom de Méléagant. Il enlève Guenièvre parce qu'il la désire et veut la posséder. Son libérateur n'est plus Arthur mais Lancelot, le dernier de toute une série de personnages qui, à diverses époques de sa vie, agissent comme substituts du roi.

La véritable identité du ravisseur se connaît aisément. Dans la *Vita Gildae,* c'est le roi du Pays de l'Été, l'une des appellations de l'Autre Monde. Dans la littérature arthurienne, c'est le fils du roi Baudemagus de Gorre, autre nom de l'Au-delà. Dans l'histoire de Pwyll, c'est le roi de l'Hadès celtique : Arwn. Chacun de ces récits illustre, en fait, le même scénario : Guenièvre est emportée dans l'Autre Monde par le roi de ce pays ou l'un de ses représentants, puis elle est délivrée par son champion et la Fiancée de Fleurs est ramenée en triomphe à son seigneur, le Souverain de la Terre, du Royaume.

Notons enfin qu'aux stades les plus anciens de la Tradition arthurienne c'est Gauvain qui est le champion de Guenièvre. Par la suite, il change d'alliance, passant de l'aspect printannier de la Déesse à sa forme hivernale et devenant ainsi l'adversaire de celui qui défend la Fiancée de Fleurs. Tout cela, bien sûr, est grandement simplifié car chacun des avatars de la Déesse présente lui-même de nombreuses variantes. Il suffit, pour s'en persuader, de constater la diversité des rôles qu'assument, dans le cycle arthurien, les femmes de l'Autre Monde.

Les initiatrices

Elles apparaissent en grand nombre à la cour d'Arthur. En général, elles se présentent en tant que suppliantes et finissent par se révéler comme des initiatrices. La chose est si constante qu'on finit par y déceler un motif parfaitement clair. L'un des récits de ce type mérite particulièrement qu'on s'y attarde : l'histoire de messire Gaheriet dans *le Morte d'Arthur* (2) :

« Le héros est le frère puîné de Gauvain, donc l'un des fils de Lot et de Morgause d'Orcanie, mais lorsqu'il arrive à la cour

2. Livre VII.

Viviane emportant Lancelot en Avalon.
(Photo Bibliothèque nationale, ms. 113, fol. 156 v°.)

il choisit de dissimuler son identité. Selon la tradition établie, il a le droit de demander au roi trois faveurs. Sa première requête est d'être nourri pendant une année entière. Keu le prend en charge, l'envoie aux cuisines et se moque de lui en l'appelant " Beaumains " parce que ses mains sont particulièrement grandes et blanches. Au cours de cette première année, Lancelot et Gauvain le prennent en amitié (Gauvain n'a pas reconnu son jeune frère).

« A la fin de l'an, paraît une demoiselle du nom de Lynette. Elle vient demander un champion pour sa sœur. Il s'agit de délivrer celle-ci d'un certain Ironside (Flanc d'Acier), Chevalier Rouge des Rouges Terres, qui assiège la dame en son château. Gaheriet, alias Beaumains, fait alors au roi ses deux autres demandes : qu'on lui confie cette aventure et que Lancelot l'accompagne et le fasse chevalier, s'il juge qu'il s'en est montré digne. Arthur

accepte. Gaheriet et Lynette partent ensemble. La demoiselle va devant et ne cesse d'exprimer son mépris pour ce " valet de cuisine " que le roi a cru bon de lui attribuer.

« Au cours des jours suivants, Gaheriet se révèle un combattant de la meilleure trempe. Il parvient même, dans un affrontement, à arrêter Lancelot qui le suivait, comme il l'avait demandé. Le noble héros français déclare alors que Gaheriet est un adversaire de grand mérite et le fait sur-le-champ chevalier. Cela n'empêche pas Lynette de vilipender son jeune servant. Toutes les occasions sont bonnes pour le fustiger de paroles blessantes. Gaheriet, cependant, refuse bravement de réagir à ces provocations. Il ne cesse d'accomplir de nouvelles prouesses, combat une kyrielle de chevaliers aux armures de diverses couleurs et finit par vaincre le Rouge Seigneur des Terres Rouges, s'attirant ainsi l'amour impérissable de dame Lyonesse, la sœur de Lynette.

« Mais l'histoire ne s'arrête pas là. Dame Lyonesse renvoie son champion sur les chemins de l'aventure, exigeant, avant de l'épouser, qu'il cumule d'autres actions d'honneur. A peine est-il parti qu'elle change d'avis et charge son frère de le faire revenir en feignant d'enlever un nain qui avait toujours servi Gaheriet avec fidélité. Tout finit cependant par s'arranger et Gaheriet aurait consommé son amour avant le mariage si Lynette, par des sortilèges, ne l'en avait empêché. Dame Lyonesse organise un grand tournoi. Gaheriet se sert, à cette occasion, d'un anneau magique qui lui permet, à volonté, de changer la couleur de son armure. C'est ainsi qu'il combat, sans être reconnu, plusieurs chevaliers de la Table ronde, puis il s'éclipse, sans que personne n'ait remarqué son départ. Gauvain décide de découvrir l'identité de ce jeune chevalier qui les a tous tenus en échec. Les deux hommes s'affrontent en combat singulier mais Lynette intervient, mettant fin au duel. Elle leur apprend qu'ils sont frères et, par son art magique, les guérit de leurs blessures. Tout le monde s'en retourne à la cour. Gaheriet est reconnu comme étant le fils de Lot et de Morgause. Son mariage avec dame Lyonesse est l'occasion d'une fête splendide. »

*

* *

Plusieurs récits arthuriens sont du même type. On y voit le « bel inconnu », généralement le fils d'un héros célèbre, se présenter incognito à la cour. Après un certain nombre d'aventures, il finit par affronter son frère ou son propre père, puis il est reconnu et honoré de tous. Dans chacun de ces contes apparaît un personnage féminin assez semblable à Lynette, dont la fonction est d'amener le jeune homme, à travers toutes sortes de péripéties, à donner des preuves de sa valeur et de son habileté au combat. Presque toujours, cette femme possède des dons magiques et participe activement à provoquer la reconnaissance finale du héros.

Lynette paraît même en personne — sous le nom de Lunete — dans *Yvain, ou le Chevalier au Lion,* un autre récit majeur du cycle de Chrétien de Troyes (3). Elle sauve plusieurs fois le héros de la mort et lui donne un anneau qui le rend invisible. Sa véritable identité ressort clairement de ce passage :

« Je voudrais faire ici brève mention de l'amitié qu'éprouvent l'un pour l'autre le soleil et la lune. Savez-vous de qui je veux parler ? Le plus éminent parmi les chevaliers devrait, en vérité, être nommé soleil ; j'entends par là monseigneur Gauvain... et par la lune celle qui fut sans conteste la plus douée pour le bon sens et pour la courtoisie. Son nom est Lunete. »

Une fois de plus, nous avons affaire au personnage de la Déesse, de la femme de l'Autre Monde. L'ayant identifiée, nous la verrons reparaître sans cesse dans la Tradition arthurienne, sous les habits les plus divers. C'est à elle qu'il revient de guider les hommes, de susciter les épreuves et les tribulations. Bien plus qu'un simple ordre de chevalerie, la Table ronde devient, grâce à ses interventions, une assemblée d'initiés. C'est elle, toujours présente, qui se tient, dans les contes, à l'arrière-plan de tant d'épisodes révélateurs : Morgane envoyant à la cour un manteau ensorcelé dont la propriété est de consumer celui qui l'endosse, Ragnall poussant Gauvain aux limites extrêmes de la courtoisie et de l'amour.

*

* *

3. Voir *Bibliographie.*

Ces figures sont essentielles à la Tradition dans ce qu'elle a de plus profond. Ce sont des initiatrices, suscitant des événements qui peuvent transformer pour toujours le néophyte, concentrant l'énergie bipolaire qui anime, de ses commencements dramatiques à son apogée, la grande épopée arthurienne. Sans elles, ces histoires ne seraient qu'un défilé d'images dépourvues de sens. Leur présence en fait une majestueuse succession de merveilles et les nombreuses portes qu'elles ouvrent dans les profondeurs ne cessent d'offrir de nouvelles échappées sur les paysages de l'Autre Monde.

QUATRIÈME EXERCICE :

Trouver un guide

Si vous avez réfléchi aux moyens pratiques d'effectuer, sur la base de la Tradition arthurienne, un travail personnel, peut-être avez-vous envisagé de prendre contact avec un guide intérieur qui vous présenterait ce merveilleux domaine et vous le ferait visiter. Il y a bien des façons d'y parvenir. En voici une, à titre d'exemple.

*
* *

Commencez par choisir, dans le cycle, un être avec lequel vous vous sentez des affinités particulières (vous trouverez, en fin d'ouvrage, une liste abrégée des principaux personnages). Peut-être une résonance s'établira-t-elle plus nettement avec Gauvain, Guenièvre ou même Arthur. Ne craignez pas de vous adresser trop haut ; dans le monde intérieur, tous se laissent approcher. Prenez en compte le domaine que vous désirez explorer. S'il s'agit de la cour, Arthur, Guenièvre, Keu le sénéchal, Beduier l'échanson conviendront parfaitement, bien que d'autres châteaux ou manoirs puissent être visités à tout moment par la plupart des dames et des seigneurs de l'entourage d'Arthur. Galaad, Perceval, Bohort vous conduiront, bien sûr, au pays du Graal. Ne soyez pas gêné de faire appel à une personne du sexe opposé. Un homme peut apprendre beaucoup de choses sur la part féminine de sa nature en prenant une femme pour guide et l'inverse est aussi vrai. Ne pensez donc pas que les chevaliers soient réservés aux hommes et les dames aux femmes. Les Celtes avaient une tradition bien établie de femmes guerrières et le rôle des personnages féminins est très important dans le monde arthurien.

Quatrième exercice : **Trouver un guide**

Souvenez-vous, comme nous l'avons montré dans ce chapitre, qu'il s'agit souvent de femmes venues de l'Autre Monde et qui possèdent, de ce fait, une profonde connaissance des domaines intérieurs.

Après l'avoir choisi, lisez tout ce que vous pourrez trouver comme textes se rapportant à votre personnage. Si le présent ouvrage vous en dit peu de chose, la bibliographie vous permettra de faire des recherches plus approfondies.

Lorsque vous aurez, au moins sur le plan intellectuel, l'impression de bien connaître votre futur guide, commencez à méditer sur sa personne. Vous pouvez, par exemple, susciter au niveau imaginal une pièce, un bâtiment, une scène d'extérieur. Lorsque ce lieu sera bien établi dans votre conscience, faites-y venir le personnage de votre choix, asseyez-vous et engagez la conversation ou, si cela convient, partez avec lui (ou elle) pour une chevauchée à la découverte des paysages intérieurs. Vous vous apercevrez bientôt que cet homme, ou cette femme, vous conduit en des lieux que vous n'aviez pas imaginés par avance. Cela indique que votre guide est fermement établi et vous pourrez l'associer à votre travail aussi longtemps que vous le désirerez.

N'oubliez pas que les personnages de la Tradition arthurienne sont des archétypes et qu'à ce titre leurs pouvoirs sont différents dans chaque cas. Il vous sera peut-être plus difficile, pour cette raison, de travailler avec certains d'entre eux, mais vous pouvez parfaitement changer de compagnon. Pour cela, il suffit de prendre poliment congé et d'élaborer une relation nouvelle.

Il se peut aussi que l'on vous « passe » à quelqu'un d'autre. Il s'agit là d'un processus parfaitement normal dont il naîtra souvent des rapports profonds et fort intéressants. N'oubliez pas que ces êtres, semblables en cela à vos amis du monde extérieur, réagiront différemment selon la manière dont vous les aborderez.

S'il arrivait que vous souhaitiez changer de guide et que, pour une raison ou une autre, celui que vous aviez choisi en premier refuse de s'en aller, renoncez à toute méditation pour une période d'au moins une semaine, puis commencez à construire l'image d'un nouveau compagnon.

*

* *

Les connaissances que vous acquerrez par cet exercice vous permettront, à mesure que progressera votre étude, d'établir avec les différentes strates de la Tradition arthurienne une interaction plus complète. Rien ne remplace, en définitive, des lectures assidues, mais un guide intérieur peut vous apporter une vision plus pénétrante de votre sujet.

V. Lancelot et Tristan

L'Amour vrai et la Chevalerie parfaite

« Ah, voyez-le reprendre son errance !
Nous ne saurions le retenir,
Aujourd'hui, comme jadis,
Il emporte en son cœur un secret
Qui ne le laisse pas en paix. »
Tennyson, *Idylles des Rois.*

La danse de l'Amour

Il est beaucoup question d'amour dans le cycle arthurien. Nous y trouvons toute la gamme des sentiments, depuis les plus sensuels — ceux qu'un puritain du XVIIe siècle qualifiait d' « obscénités éhontées » — jusqu'au plus profond mysticisme. La manière dont les conteurs choisissaient de décrire l'amour ne cessa de changer d'une génération à l'autre. C'est ainsi, par exemple, que Gauvain, que ses débuts vouaient au service de l'Éternel féminin, subit les effets d'une évolution culturelle changeante et finit par devenir un libertin.

Pour les Celtes, l'amour était un jeu, un plaisir auquel les hommes et les femmes s'adonnaient avec le plus grand naturel. Mais la sexualité était aussi un moyen d'accéder au rapport mystique avec les éléments, d'où le caractère sacré de la royauté, la notion d'un mariage du Roi et de la Terre, d'où les unions, si nombreuses, avec les « Vierges des Sources » qui donnaient naissance à des héros dont l'ascendance, bien souvent, était plus qu'à moitié de l'Autre Monde. Beaucoup de personnages majeurs du cycle arthurien ont des origines similaires. C'est le cas d'Arthur lui-même, de Gauvain, et des deux chevaliers dont il est question dans ce chapitre.

S'il fallait apporter une preuve des origines celtiques de la Tradition, on ne pourrait faire mieux que de la chercher dans la vie amoureuse — souvent complexe — de ces deux personnages, même si, à l'époque où ils connurent l'apogée de leur gloire littéraire, la façon d'envisager l'amour commençait à prendre des formes très différentes. Très diverses aussi. Pour le Moyen Age, l'amour peut être une sorte de culte, offrir toutes les caractéristiques d'une pratique religieuse, ou bien il ressort du Péché et doit, à ce titre, être évité. C'est même, parfois un sentiment romantique, préfigurant les idées des XVIIIe et XIXe siècles.

Contrairement à ce qui se passe pour Tristan, les sources littéraires du personnage de Lancelot sont plutôt vagues. Il est à peu près certain qu'il dérive d'un certain Llwch Lleminiawg mentionné dans les *Mabinogion,* et dans le poème *les Dépouilles de l'Abîme* dont nous avons parlé plus haut (1). Il porte une épée de feu, ce qui en ferait un héros solaire du même type que Gauvain, avec lequel il partage, d'ailleurs, plusieurs autres attributs. A part ces quelques références isolées, il n'est plus question de lui jusqu'au XIIe siècle, époque où il paraît dans le *Lanzalet,* œuvre du poète suisse Ulrich von Zatzikhoven, qui nous conte l'histoire de son enfance. Cette version est déjà très proche de celle que nous donnerons plus loin, mais ne dit rien de son rôle le plus connu, celui d'amant de Guenièvre.

On a quelques raisons de penser que le *Lanzalet* est tiré d'un manuscrit celtique aujourd'hui perdu ; ce texte originel donnait sans doute d'autres détails sur les premières années du héros, mais seuls les récits médiévaux nous permettent de compléter sa biographie.

Pour Tristan, les références anciennes sont nettement plus nombreuses. Il est même possible qu'il s'agisse d'un personnage historique, du nom de Drust ou Drustan, fils de Talhouc'h. Certains documents semblent indiquer une origine picte, ce qui lui

1. Sous le nom de Llyminawc.

conférerait une antiquité bien supérieure à celle des autres héros arthuriens. Les Pictes, en effet, furent la population indigène des îles Britanniques avant l'arrivée des Celtes. On retrouve, dispersés dans l'ensemble de la littérature celtique, des fragments de son histoire dont, en particulier, sa liaison amoureuse avec l'épouse du roi March, le Marc des contes plus tardifs. Dans les *Triades* (2), il est question des *« trois grands porchers de l'île de Bretagne qui gardèrent les porcs de March pendant qu'il* (leur gardien attitré, c'est-à-dire Tristan) *allait auprès d'Esyllt pour lui demander un rendez-vous ».*

Ce texte fait mention, déjà, d'une relation « triangulaire » entre Tristan, Yseult et le roi Marc. Retenons également l'association de Tristan aux porcs et souvenons-nous que cet animal était traditionnellement consacré à la Déesse Mère celtique. Derrière l'histoire d'amour et de trahison se devine l'œuvre des êtres de l'Autre Monde, les structures cachées qu'ils érigent reflétant la vie des mortels en même temps qu'elles l'influencent. Ceux qui se pencheront sur les biographies de nos deux héros ne tarderont pas à découvrir, presque à chaque moment de leur existence, les traces de ces rapports occultes.

Lancelot, l'Imparfait Chevalier

A première vue, on peut juger qu'il n'y a guère de différence entre l'histoire de Lancelot et celle de Tristan. Tous deux naissent et sont éduqués loin de leurs familles et de leurs pays respectifs. Ce sont de terribles combattants, inégalés en leur temps. Enfin, ils nous sont donnés l'un et l'autre pour des modèles achevés de l'amour courtois. Ce mouvement moral, entretenu par les conteurs du XIIe siècle, peut nous sembler étrange. Il fait une vertu de l'amour extraconjugal et le dévouement de l'amant à la dame de ses pensées y atteint une ferveur quasi religieuse.

Un examen attentif fera cependant ressortir des différences importantes. Lancelot et Tristan représentent deux formes bien différentes de l'amour et c'est cela, surtout, qui les sépare.

2. Pour une approche plus détaillée des anciens textes celtiques, voir Jean Markale dans son livre *l'Épopée celtique en Bretagne* (voir *Bibliographie*) (N.d.E.).

Lancelot est le fils du roi Ban de Benoïc et d'Hélène, son épouse. Ban est l'un des plus fidèles partisans du jeune Arthur dont le règne vient de commencer. Peu de temps après la naissance de son fils, il se trouve engagé dans une guerre contre son voisin le plus proche, le roi Claudas, qui finit par envahir ses terres, l'obligeant à fuir avec la reine. Ban jette un dernier regard en arrière et voit son château en proie aux flammes. Il tombe aussitôt dans un évanouissement dont il ne se relèvera plus. Dans sa hâte de secourir son époux, la reine laisse seul pour quelques instants l'enfant, dont le nom est alors Galaad. La Dame du Lac apparaît, se saisit du nourrisson et l'emmène dans son palais, sous les eaux. Désespérée, la reine Hélène fait bâtir une chapelle sur les lieux où Ban est tombé. Le jeune Galaad, devenu Lancelot, demeure jusqu'à l'âge d'homme dans le palais de la Dame, entouré de femmes et d'ondins féeriques. Il apprend vite et ne tarde pas à acquérir une force remarquable ainsi qu'une habileté hors pair au maniement des armes. Il rencontre ses deux cousins, Bohort et Lionel, en même temps qu'Hector, son demi-frère. Lorsque Lancelot atteint sa dix-huitième année, les quatre jeunes gens vont à la cour d'Arthur et se joignent aux fameux Compagnons de la Table ronde.

Se souvenant de sa jeunesse et de l'appui du roi Ban, Arthur comble de faveurs le nouvel arrivant et le fait chevalier le jour de la Saint-Jean. Dans l'une des versions, la première tâche de Lancelot est d'aller chercher la future épouse du roi, Guenièvre, fille de Léodagan, qu'il ramène à Camelot. C'est à cette occasion qu'ils tombent mutuellement amoureux. Pour d'autres textes, Guenièvre, à l'arrivée de Lancelot, est déjà la femme d'Arthur. Le héros ne tarde pas à devenir l'un des « Chevaliers de la Reine », une sorte d'ordre secondaire de la Table ronde où sont reçus les jeunes chevaliers pleins de promesses et d'aspirations en attendant qu'ils aient fait leurs preuves. Commencent alors pour Lancelot toute une série d'aventures qui le révéleront sans conteste comme le plus grand chevalier de tous les temps. Il met fin, entre autres, à la sombre coutume d'un château nommé Douloureuse Garde, le fait sien et en change le nom. Désormais, ce lieu s'appellera Joyeuse Garde et sera la demeure de Lancelot. Un jour, dans le cimetière du château, il soulève le couvercle d'un sarcophage que personne, avant lui, n'avait pu déplacer. A l'intérieur, gravé dans la pierre, il découvre son véritable nom, ses origines ainsi qu'une prophétie relative à son fils qui, comme lui, se nommera Galaad.

De retour à Camelot, il devient chevalier de la Table ronde. Il aide Arthur à mater une rébellion menée par Galehaut, seigneur des Iles Lointaines. Celui-ci, impressionné par la nature chevaleresque de son assaillant et sa vaillance au combat, rend les armes et se soumet au roi. Il devient, par la suite, le meilleur ami de Lancelot et, dans un épisode que Dante a rendu célèbre (3), se fait un jour l'intermédiaire entre le chevalier, incapable de se déclarer, et la reine Guenièvre, objet de son amour.

C'est ici que se place l'épisode de la fausse Guenièvre dont nous avons parlé au premier chapitre. La reine se réfugie avec Lancelot dans le royaume de Galehaut, Surluse, peut-être situé dans les îles Sorlingues. Ayant appris la mort de l'usurpatrice, Lancelot rend à Arthur son épouse, mais leur amour réciproque est devenu irrévocable. Désormais, la vie du chevalier n'est plus qu'un conflit perpétuel avec sa propre conscience. Pour s'éloigner de la cour et de la reine, il entreprend sans cesse de nouvelles quêtes. Au cours de l'une de ces aventures, il délivre une dame d'un bain d'eau bouillante dans lequel, par suite d'un enchantement, elle se trouvait plongée depuis plusieurs années. C'est Elaine, la fille du roi Pellès, gardien du Graal. Usant de tromperie, elle se fait passer, aux yeux de Lancelot, pour Guenièvre et obtient ainsi de concevoir avec lui un fils. Cet enfant sera Galaad, celui qui mènera à son terme la Quête du Graal. P.L. Travers a suggéré que Lancelot, ne pouvant consommer son amour pour Guenièvre, avait peut-être fait vœu de chasteté. Apprenant que non seulement il avait trahi sa bien-aimée mais failli, également, à son serment, il fut pris de folie. Elaine finit par le retrouver, errant nu dans les bois. Elle le soigna, lui fit retrouver la raison et vécut quelque temps avec lui à Joyeuse Garde.

Ce fut après ces événements qu'il se lança dans la Quête du Graal, dont nous reparlerons au chapitre suivant. Le rôle de

3. Voir sa *Divine Comédie*.

Lancelot y est ambigu. L'arrivée de son fils donnera le mouvement initial ; il naîtra entre eux une relation privilégiée qui sera cependant de courte durée, puisque Galaad mourra à la fin de la Quête. Lancelot lui-même aura plusieurs visions du Graal. Il parviendra même jusqu'à la porte de la chapelle où se trouve la Précieuse Coupe, mais une présence angélique l'empêchera d'entrer. Au cours de la Quête, on lui fera clairement comprendre que la raison de son échec est d'avoir éprouvé plus d'amour pour Guenièvre que pour Dieu. Pendant un temps, il paraît décidé à renoncer à sa bien-aimée. Mais la Quête du Graal est terminée, il retombe bientôt dans ses anciennes habitudes, scellant ainsi la destinée du rêve arthurien qui s'écroulera par sa faute.

*

* *

Après la Quête, beaucoup des chevaliers les plus âgés sont morts. Une nouvelle génération prend la relève. Mordred, le fils illégitime d'Arthur, commence à tramer la destruction des Compagnons de la Table ronde. Il surprend les deux amants dans la chambre de la reine à l'instant même où ils venaient de décider, pour le bien du royaume, de mettre fin à leur rapport. Mordred oblige Arthur à condamner la reine au bûcher. Lancelot la délivre mais tue accidentellement Gaheriet et Guerrehet, les frères de Gauvain, et c'est le début d'une guerre qu'aucun des deux ne désire vraiment. Elle se terminera par la mort de Gauvain. Arthur poursuivant Lancelot jusqu'en Petite Bretagne, sur ses propres terres, avait confié à Mordred la régence du royaume. Il apprend que son fils l'a déclaré mort et s'est fait couronner roi. Il rentre en Grande Bretagne et livre contre Mordred son dernier combat, au cours duquel il reçoit la blessure qui l'enverra en Avalon. Apprenant ces événements, Lancelot arrive, tout prêt à secourir son vieil ami, mais il est trop tard. Il se rend une dernière fois auprès de Guenièvre qui a pris le voile au couvent d'Aymesbury. Il lui fait ses adieux, puis il dépose ses armes et se fait ermite pour le restant de ses jours. Il ne survivra que peu à la nouvelle du décès de Guenièvre. On l'enterrera à Joyeuse Garde, tandis que la reine sera ensevelie auprès d'Arthur. Hector, le demi-frère de Lancelot, est l'un des derniers survivants de la Table ronde originelle. Devant la dépouille de Lancelot, il prononce cette oraison funèbre (4) et l'on peut dire qu'il parle au nom de tous les chevaliers :

« Ah ! Lancelot, dit-il, tu étais le plus preux des chevaliers chrétiens. Maintenant je puis dire que toi, le Seigneur Lancelot, gisant ici, tu ne fus égalé sur terre par aucun autre. Tu étais le plus courtois qui jamais ait porté l'écu ; le plus fidèle amant de tous ceux qui, dans le péché, aimèrent une femme ; le plus aimable chevalier qui ait jamais combattu avec l'épée, la meilleure personne qu'on ait vue parmi les preux. De tous ceux qui, avec les dames, se restauraient en la salle, aucun ne fut plus gent, plus doux que toi ; de tous ceux qui portèrent la lance, aucun, plus que toi, ne fut sévère chevalier envers son ennemi mortel. »

Ainsi se termine l'histoire du plus grand des chevaliers, Lancelot, tiraillé entre l'amour et le devoir, déchu par son effort d'être fidèle à l'un comme à l'autre, provoquant à sa suite la chute du royaume. Son échec dans la Quête du Graal est l'une des histoires les plus poignantes de tout le cycle, car cet homme au grand cœur fut bien près de réussir, de mener à son terme la plus centrale de toutes les aventures. Mais il arrive au bout de ses forces. Il aime Guenièvre plus que Dieu et cet amour, à sa manière, est pur. Pendant toutes ces années d'une dévotion exclusive, il n'a jamais porté un seul de ses regards sur une autre femme — à l'exception d'Elaine qui l'avait trompé pour l'attirer dans son lit. Il sauve plus d'une fois la vie de sa bien-aimée, il est son serviteur, son esclave. Lorsqu'il doit la délivrer de Méléagant, sa hâte de la rejoindre est telle qu'il voyage dans une charrette — véhicule réservé, en ce temps-là, aux criminels ou au transport du fumier. Guenièvre le condamne pourtant, car il a eu, avant de monter, quelques secondes d'hésitation. Malgré cela, malgré d'autres occasions où la reine mettra sa fidélité en doute, son amour pour elle ne faiblira jamais.

Les qualités très humaines de Lancelot en font l'un des personnages les plus attachants du cycle arthurien. Ceux qui se donnent pour tâche de pénétrer le sens de la Tradition trouveront chez lui le meilleur des enseignements.

4. Extraite de *le Morte d'Arthur*, de Malory.

Tristan, le Chevalier Triste

Sous des dehors assez similaires, l'histoire de Tristan est, en fait, très différente de celle de Lancelot. Fils de Rivalen (roi de Loonnois) et de Blanchefleur, son nom — dérivé de « triste » — lui vient des circonstances de sa naissance. Le roi ayant été enlevé par une enchanteresse, la reine, bien qu'enceinte de Tristan, part à la recherche de son époux. Elle donne naissance à son fils au plus profond de la forêt et meurt peu de temps après. L'enfant est recueilli par un vassal du roi nommé Governal (ou Gorvenal), mais un jour sa belle-mère tente d'empoisonner Tristan pour que l'héritage royal revienne à ses propres fils. Il est alors envoyé à l'étranger, avec Governal comme tuteur, pour y apprendre les arts courtois de la chasse et de la fauconnerie. Il devient aussi un joueur de harpe de grand talent.

Après quelques années, Tristan revient en Grande Bretagne. Il se rend à la cour de son oncle, le roi Marc de Cornouailles. Apprenant que celui-ci est contraint d'envoyer chaque année au roi d'Irlande le tribut d'un certain nombre de garçons et de jeunes filles, il accepte d'être son champion dans cette affaire et doit affronter, dans une île, un guerrier irlandais gigantesque nommé le Morholt. Il est victorieux et tue le géant, mais il a été blessé d'un trait empoisonné. Sa plaie paraît inguérissable et ne tarde pas à sentir si mauvais que, sur les conseils d'une femme connue pour sa sagesse, on le place sur une barque, dérivant au gré des flots. C'est ainsi qu'il arrive en Irlande. On l'amène à la fille du roi d'Irlande, Iseult — dite La Blonde — dont les talents de guérisseuse sont réputés. Le héros prétend se nommer « Tantris » et se fait passer pour un harpiste itinérant. Lorsque Iseult découvre sa véritable identité, il est bien près d'être tué. Le Morholt était son oncle, et l'on doit la retenir pour qu'elle ne le venge pas aussitôt. Mais, au fil des jours, sa haine du jeune guerrier finit par se muer en amitié, puis en amour.

Ils échangent des anneaux, puis Tristan quitte l'Irlande pour s'en retourner à la cour du roi Marc. Il paraît avoir oublié Iseult, car nous le voyons rivaliser avec son oncle pour les faveurs de la femme de Segwarides. Peut-être à cause de cela, Marc se prend d'inimitié pour son jeune neveu. Pressé par ses barons de prendre femme, il renvoie Tristan en Irlande. Il s'agit de consolider la paix précaire entre les deux pays en demandant la main de la princesse Iseult. Tristan l'obtient sans mal, car il s'est acquis l'amitié durable du père d'Iseult. Pendant le voyage de retour, les deux jeunes gens boivent un philtre d'amour que la mère d'Iseult avait préparé à l'intention de Marc, afin d'assurer le succès du mariage. Ils sont, dès lors, sérieusement amoureux l'un de l'autre.

Brangien, la fidèle servante d'Iseult, sacrifie sa virginité en se faisant passer, pendant la nuit de noces, pour sa maîtresse. Tristan et Iseult commencent alors une longue relation amoureuse, se rencontrant à la moindre occasion propice, inventant mille façons complexes d'échanger des messages, continuant à cocufier Marc pendant de nombreuses années jusqu'à ce qu'un chevalier jaloux, Andret, les dénonce et les contraigne à s'enfuir. Ils mènent une vie d'errance idyllique dans les profondeurs de

Tristan et Iseult.
(Photo Bibliothèque nationale, ms. 97, fol. 45 v°.)

la forêt du Morrois et finissent par être découverts par Marc alors qu'ils dorment côte à côte. Voyant qu'une épée les sépare — c'était un accident plutôt qu'un acte intentionnel — le roi en déduit qu'il leur a sans doute fait injure en se croyant trompé. Il offre de reprendre Iseult à condition que Tristan s'en aille en exil.

Errant à travers la Grande Bretagne, Tristan finit par devenir l'un des Chevaliers de la Table ronde et ne tarde pas à se montrer l'égal des plus preux. Lancelot lui-même, lors d'un combat sans vainqueur, doit s'arrêter, épuisé. Il éprouve de l'amitié pour Tristan, mais celui-ci va reprendre ses errances. En Armorique, il se met au service du roi Hoël dont la fille est Iseult aux Blanches Mains. Le frère de celle-ci se lie d'amitié avec Tristan et le convainc d'épouser la princesse, sa sœur, mais le mariage ne sera jamais consommé. Peu de temps après, Tristan retourne en Cornouailles et enlève Iseult la Blonde. Ils se réfugient à Joyeuse Garde, le château de Lancelot, jusqu'à ce qu'Arthur intervienne et persuade Marc de leur pardonner et de reprendre son épouse pour la seconde fois. Rentré en Armorique, Tristan livre bataille dans l'armée du roi Hoël. Blessé, il envoie un message à son aimée pour qu'elle vienne le guérir. Les marins qu'il a dépêchés auprès d'elle ont pour instructions de hisser, au retour, une voile blanche s'ils ont réussi, noire s'ils ont échoué. Iseult la Blonde accepte de venir, mais Iseult aux Blanches Mains, fort amoureuse de Tristan et jalouse de sa passion pour la reine, lui dit, en réponse à sa question, que la voile est noire. Tristan se tourne vers le mur et meurt. Iseult la Blonde trouvant son amant mort, s'allonge auprès de lui et expire à son tour (5). Ils sont ensevelis dans des tombes voisines. De chacune d'elles jaillit un églantier, l'un portant des fleurs blanches, l'autre des fleurs rouges, et leurs branches s'enlaçant, témoignant que l'amour de Tristan et d'Iseult la Blonde se poursuit au-delà de la mort. Iseult aux Blanches Mains se jette du haut d'une falaise. Seul le roi Marc survit. Il ravagera les terres d'Arthur après le départ de ce dernier pour Avalon.

5. L'histoire de Tristan et Iseult a été mise en film par Jean Cocteau, sous le titre *l'Éternel Retour* (N.d.E.).

Les deux faces de l'amour

Tristan, Lancelot, le chevalier triste, l'incomplet chevalier... de l'un à l'autre s'étend toute la gamme des sentiments passionnés. Comme nous l'avons dit, leurs histoires, sous des dehors similaires, ont en fait des contenus très différents. Lancelot est avant tout un homme d'honneur. Il éprouve une peine réelle à tromper le roi qu'il aime et sert du mieux qu'il le peut, et cela fait de lui l'un des personnages les plus attachants de tout le cycle. Dès le commencement, dès qu'il a reconnu son amour partagé pour la reine, toutes les occasions lui sont bonnes pour s'absenter de la cour. A chaque aventure nouvelle, il gagne un surcroît d'honneur, devenant toujours plus désirable aux yeux des dames, mais il ne parvient pas à éteindre sa passion et revient toujours à Guenièvre, comme au leurre le faucon.

Tristan, par contraste, est un personnage plus amoral. Il fait la cour à Iseult la Blonde, mais nous le voyons bientôt poursuivre la femme de Segwarides. Plus tard, ayant été longtemps l'amant d'Iseult la Blonde, il se laisse persuader d'épouser Iseult aux Blanches Mains. Il n'hésite pas à jouer toutes sortes de tours au roi Marc. Il se déguise, par exemple, en mendiant et porte son aimée par-dessus un ruisseau, ce qui permet à celle-ci de jurer en public que personne, à part ce gueux, ne l'a jamais touchée.

Puis il y a la question du philtre d'amour destiné à Iseult la Blonde et au roi Marc. On a beaucoup glosé sur l'incidence que ce détail pouvait avoir sur le reste de l'histoire et sur la « morale » qu'il convenait d'en tirer. Il paraît évident qu'il provient d'une version plus ancienne. Cependant, même si certains textes laissent entendre que l'efficacité du breuvage ne dépassait pas cinq années, il demeure un élément essentiel du scénario. Doit-on penser que ce philtre a causé la passion de Tristan et d'Iseult ou leur amour serait-il né sans lui, l'effet magique ne faisant que s'ajouter à des dispositions antérieures ? Ces questions resteront toujours sans réponse. Nous ne pouvons que lire le conte et tenter de juger par nous-mêmes. Notons, cependant, qu'un texte tardif italien, la *Tavola Ritonda*, assure que le pape Agapitas institua des indulgences au profit de tous ceux qui prieraient pour l'âme de Tristan et d'Iseult. Leur péché, en effet, n'était pas volontaire puisqu'il résultait de l'absorption d'un breuvage magique.

Le caractère du roi Marc explique aussi pourquoi le rôle de Tristan est différent de celui de Lancelot. Marc, contrairement à Arthur, est loin d'être un noble roi. Il ne craint pas de s'abaisser à un acte assez indigne lorsqu'il livre son épouse à une bande de lépreux pour la punir de l'avoir trahi. Il essaie plusieurs fois de tuer Tristan et y parvient même dans la version de Malory où l'on voit l'un de ses vassaux blesser Tristan à mort.

Que pouvons-nous tirer de tout cela, en dehors de l'évidente « leçon » morale ? En quoi l'amour de Lancelot pour Guenièvre ou celui de Tristan pour Iseult s'accorde-t-il avec l'idéal chevaleresque ? Malory, dans un passage justement célèbre, nous présente les choses ainsi :

« De même que le vent d'hiver efface et défigure la verdure de l'été, ainsi en est-il de l'homme et de la femme pour cause de l'instable amour. Car nombreuses sont les personnes qui n'ont point de constance. Il ne se passe de jour que nous ne voyions ceci, que pour un souffle de la bise hivernale tôt seront abîmées les amours véritables, quittées pour peu de chose quand elles nous coûtèrent tant... Il n'en était de même pour les amours du temps passé. Les hommes et les femmes pouvaient sept ans s'aimer et davantage... Alors il y avait amour, et véritable, ainsi que fidélité ; tel était l'usage au temps du roi Arthur. »

Ne nous étonnons pas si la fidélité de l'amant à sa dame prenait alors plus d'importance que celle de l'époux à sa femme. C'était sans doute une évidence, pour la plupart des gens, à une époque où le mariage était surtout une affaire formelle ressortant davantage des nécessités politiques que de l'amour. Au temps où la Tradition arthurienne atteignait son apogée, les troubadours sillonnaient la plus grande partie de l'Europe. Les leçons d'amour courtois dont ils étaient les colporteurs se font sentir à chaque pas dans l'histoire de Lancelot comme dans celle de Tristan. Pour ces poètes, l'amour entre gens mariés était chose impossible. La bien-aimée fut placée par leurs soins sur un piédestal dont seule une éthique puritaine fut capable de la déloger, et ce contrecoup réactionnaire n'intervint que fort tard, au XVIIe siècle. Le mouvement d'amour courtois atteignit de telles proportions que l'Église fut contrainte de s'y opposer. Cela aussi se fait sentir dans les histoires arthuriennes, lorsqu'une passion nouvelle, symbolisée par la Quête du Graal, commence à modifier la forme des grandes histoires d'amour.

Une certaine souffrance innée

C'est au XIIe siècle que les pratiques de l'amour courtois connurent leur plein développement. Elles furent codifiées par un clerc, André de Luyères, chapelain de Marie de Champagne, fille de la grande reine Aliénor d'Aquitaine. Son *Traité de l'Amour courtois* établit un certain nombre de règles conventionnelles qui sont censées gouverner les actes de l'amant jusque dans les moindres détails. Bien différente est la définition de l'amour que nous donne Malory, trois siècles plus tard :

« L'amour est une certaine souffrance innée, naissant lorsqu'à la vue du sexe opposé s'ajoutent d'excessives méditations sur celle-ci, animant chaque partie à souhaiter plus que toute chose de pouvoir embrasser celui ou celle qui en est l'objet, le commun désir, pour chacun, étant de mener à leur terme entre les bras de l'autre tous les préceptes de l'amour. »

On ne saurait décrire avec plus de justesse l'intensité de passion dont nos deux héros firent preuve à l'égard de leurs royales amantes, mais un mystère subsiste quant à ses origines : nous ignorons encore de quoi s'alimentait leur flamme. Une autre citation nous éclairera peut-être. Elle est tirée de la plus remarquable version médiévale de l'histoire de Tristan, celle de Gottfried von Strassburg et nous apporte de nouvelles dimensions symboliques.

Les deux amants se sont enfuis. Ils ont trouvé refuge dans la forêt du Morrois, où ils mènent ensemble une existence idyllique. Brodant sur des thèmes anciens, Gottfried nous les montre habitant une grotte aux allures fantastiques qu'il nous décrit avec force détails :

« L'histoire assure que cette grotte était ronde, haute de plafond, que ses murailles perpendiculaires étaient blanches comme neige, lisses et unies sur toute leur circonférence. La voûte qui

la couvrait s'ornait d'une fine clé, sculptée à l'image d'une couronne, que l'art d'un orfèvre avait fort bellement travaillée, l'incrustant de pierres précieuses. Le pavement du sol était fait de marbre lisse, riche et brillant, aussi vert que l'herbe des prés. Au centre était une couche, parfaitement taillée dans un bloc de cristal... et dédiée à la déesse de l'Amour. Dans la partie supérieure de la grotte, on avait creusé de petites ouvertures pour que la lumière put y entrer et les rayons du soleil, par ces fenêtres, brillaient en plusieurs endroits. »

Gottfried nous donne ensuite une interprétation de ce lieu merveilleux. La grotte ronde, large, haute, perpendiculaire, symbolise la simplicité de l'amour, son pouvoir et les aspirations qu'il éveille, car il peut « *s'élever plus haut que les nuées* ». La couronne représente la vertu de l'amour, la blancheur, la douce égalité des parois sont l'unité, l'intégrité de l'amour et le lit de cristal témoigne que tout amour véritable est transparent, translucide. Les fenêtres elles-mêmes ont un sens. Elles signifient « bonté », « humilité », « civilité »... et laissent filtrer la lumière de l'honneur.

En un tel lieu, l'amour reste honorable, même quand le monde en juge autrement. Il est honneur, mais aussi joie, et son exemple transformera tous ceux qui entendront cette histoire car, ajoute Gottfried :

« Si les deux êtres dont il est question dans ce conte n'avaient point enduré le chagrin pour la joie, la souffrance amoureuse pour l'extase du cœur, jamais leurs noms ni leur histoire n'eussent apporté un tel ravissement à tant d'âmes les plus nobles. »

C'est ainsi qu'au terme de cette évolution, la passion humaine finit par se muer en inspiration. Mais n'est-il pas vrai que nous retrouvons en même temps le message des époques plus simples où naquirent ces histoires, le point de vue selon lequel les amants humains agissent comme les substituts des dieux, permettant à ceux-ci d'éprouver, par leur intermédiaire, toutes les nuances de l'expérience amoureuse ? Ils acquièrent ainsi une meilleure connaissance des mortels, l'interaction entre les mondes s'en trouve renforcée et les chenaux qui relient l'humain au divin demeurent ouverts.

Il est significatif que Lancelot et Tristan aiment des reines. Voyez ce passage du *Perceval* de Chrétien de Troyes cité par Jean Markale (6) (Gauvain y parle de Guenièvre et ce qu'il dit éclaire grandement le comportement des deux grands amoureux) :

« De même qu'un sage maître enseigne les jeunes enfants, ma dame la Reine instruit tous les êtres vivants. C'est d'elle que découle tout le bien de la terre, dont elle est la source et l'origine. Nul ne prend congé d'elle qui ne s'en aille découragé car elle connaît les besoins de chacun et sait lui plaire selon ses désirs. »

*
* *

N'est-ce pas cela même que les troubadours et leurs semblables n'ont cessé de répéter dans leurs chansons et leurs poèmes ? L'élément divin, chez la femme, inspire les hommes, les élevant bien au-dessus de leur condition ordinaire. C'est ainsi que la chevalerie reçoit sa forme de l'amour tandis que celui-ci, pour qui prend au sérieux ses vœux de chevalier, est modelé à son tour par l'exigence du service. L'amour devient initiatique et c'est pourquoi tant de femmes du cycle arthurien ont leurs origines dans l'Autre Monde. Comme nous avons pu le voir, plus d'un héros, pour avoir courtisé, adoré ou épousé l'une ou l'autre de ces femmes finit, lui aussi, par recevoir sa part de l'héritage surnaturel. Les deux mondes, en fin de compte, se rejoignent et leur rencontre s'effectue sur tous les plans : physique, émotionnel, spirituel. A ce dernier niveau, le Graal offre une autre forme de l'amour.

6. Dans son livre sur le roi Arthur (voir *Bibliographie*).

CINQUIÈME EXERCICE :

La Caverne du Cœur

Dans la légende de Tristan, la caverne où les amants se rencontrent est bien autre chose qu'une simple cavité creusée dans le roc. C'est avant tout un lieu symbolique. En faire son domicile revient à vivre une certaine disposition de l'âme. Il existe un lieu semblable qu'on appelle « la Caverne du Cœur » parce que en ses profondeurs se manifeste cet état intérieur. En cet espace naît la compassion, de tous les aspects de l'amour le plus aisé mais aussi le plus difficile à comprendre. Le présent exercice ne convient donc qu'à certaines personnes, celles qui ont atteint un point d'équilibre et peuvent, de ce fait, considérer le monde et ses événements avec un certain détachement. Il exige un point de vue impartial, dénué de passion. Cette condition étant remplie, il devient possible d'éprouver pour le monde et tous ceux qui l'habitent un profond sentiment d'amour.

*
* *

Évoquez une porte. Passé le seuil, une chambre à l'éclairage calme. Il n'y a pas de fenêtres. Tout est silencieux. La colère, la peur, la jalousie, la méfiance, la haine, tout cela est resté au dehors. Vous entrez dans une profonde méditation. Bientôt, vous sentez qu'il y a, dans la pièce, une autre personne. C'est une femme, grande, majestueuse. Elle est assise, la tête penchée sur un livre posé devant elle, sur une table. Vous ressentez en même temps quelque chose de plus : cette personne est aussi consciente de votre présence que vous l'êtes de la sienne. Elle s'adresse à vous et vous seul pouvez entendre ses paroles.

Cinquième exercice : **la Caverne du Cœur**

Ce qu'elle vous dit n'est destiné qu'à vous, mais se rapporte certainement à vos besoins, à vos sentiments les plus profonds, aux qualités qui vous motivent et sont à l'origine de vos plus pénétrantes intuitions. Sachez qu'elle est Guenièvre, la Reine, mais aussi la Dame Blessée, de même qu'Arthur est le Roi Blessé dont la plaie ne guérit pas. Ils ne sont pas atteints seulement dans leurs corps, mais en esprit et leur mal est causé par les actions de tous les hommes qui ne cessent de se blesser eux-mêmes ainsi que le monde dans lequel ils vivent. Qu'ils le sachent ou le fassent à leur insu, ce sont toujours de profondes atteintes.

Il n'est qu'une attitude qui puisse changer cet état de choses, guérir le cœur de la Reine Blessée, c'est la compassion, le désir totalement désintéressé du Bien qui est la base essentielle de tout amour humain. On cherchera peut-être à faire ce qui plaît à la bien-aimée, ou bien il surgira dans le cœur cette réponse intensément émotionnelle que suscite l'obscurité lorsqu'elle voile, à certains moments, la face du monde entier. Recherchez donc en vous le désir de rétablir, de guérir un mal particulier, un désordre que vous connaissez, personnel, mondial, ou même cosmique. Concentrez-vous sur ce désir. Il sera reçu par dame Guenièvre et noté dans le livre ouvert devant elle. Rappelez-vous seulement que cela doit naître sans égoïsme aucun, que le changement souhaité ne concerne pas la personnalité du méditant mais une harmonisation du rythme de l'univers, de sa respiration même. Lorsque vous aurez terminé, laissez les sensations relatives à la Dame et à la chambre s'effacer graduellement, jusqu'à ce que vous redeveniez conscient de l'entourage où vous avez commencé votre méditation.

*
* *

Cinquième exercice : **la Caverne du Cœur**

Soyez sans hâte ; s'il le faut, revenez sans cesse à ce travail jusqu'à ce que vous sentiez qu'un acte, un mouvement y a pris naissance. Comme cet exercice n'est pas facile, il se passera peut-être un certain temps avant que vous ne commenciez à ressentir comme une réponse à vos efforts. Après une longue période d'attente, des effets se feront sentir. La Caverne du Cœur sera illuminée et vous vous apercevrez que cette lumière se répand au dehors, jusque dans la vie quotidienne. Car il est dit, dans les cercles des grands : *« La bénédiction vient à ceux qui servent. »*

VI. **La Quête du Graal**

Spiritualité et recherche de l'Absolu

« Lorsqu'ils furent tous assis et que le bruit se fut calmé, il y eut un coup de tonnerre si fort et si terrible qu'ils crurent que le palais allait s'effondrer. Soudain, la salle fut illuminée par un rayon du soleil dont l'éclat, traversant le château, parut sept fois plus vif qu'auparavant… Après qu'ils furent longtemps demeurés ainsi, incapables de parler, se regardant entre eux, aussi muets que bêtes brutes, le Saint-Graal apparut, couvert d'un linge de brocart blanc ; cependant, ils ne voyaient nulle main humaine qui le portât. Il entra par la grande porte du palais qui fut aussitôt rempli d'un parfum si suave que l'on eut cru que toutes les épices de la terre venaient d'être versées aux alentours. »

La Queste del Saint Graal.

Chaudron ou Coupe ?

Citons ce qu'une grande clairvoyante, Dion Fortune, écrivit il y a près de cinquante ans : « *L'histoire des races connaît certains moments où les choses de la vie intérieure trouvent leur expression, où elles émergent en surface ; c'est alors que, par les déchirures du voile, la lumière du sanctuaire se répand au-dehors.* »

C'est ce qui se passe pour la légende du Graal. En des temps trop anciens pour qu'on puisse les déterminer avec précision, une idée se cristallise sous la forme d'un « vaissel » sacré où reposent potentiellement toute sagesse et tout savoir, toute compréhension. Pour les Mystères de la Grèce antique, c'est le Cratère, le vase dont les dieux se servirent pour mélanger la matière même de la création, pour les soufis la coupe de Jamshid, dispensatrice de la connaissance et de l'inspiration divine. On trouve la même image en Inde, au Japon, dans les traditions russes. Pour les peuples celtiques, c'est le Chaudron dispensateur de vie, appartenant à la déesse Keridwen ou au dieu Bran.

Puis, vers le milieu du XIIe siècle, peut-être inspiré par l'histoire toute magique de ces temps-là, il se trouve un conteur pour habiller à la mode de son époque une histoire celtique ou orientale. Bien que la Tradition nous donne un nom — Blihis Bliheris — nous ne savons rien de cet homme. Parmi les auteurs de la Tradition arthurienne, il a ceci de particulier qu'il apparaît, dans le *Roman de Tristan* de Thomas, en tant que personnage secondaire. Comme toute trace de son récit s'est perdue, nous ignorons si son « vaissel » sacré était un chaudron ou une coupe. Peut-être n'est-il pas nécessaire de le savoir, ni de rechercher quelle forme précéda l'autre.

Il y eut d'acerbes controverses quant à la nature et aux origines du Graal — s'agissait-il d'un symbole païen ou d'une image chrétienne ? — mais, en définitive, toutes ces spéculations sont quelque peu stériles. Elles ne servent qu'à nous détourner de la signification essentielle sans nous apporter rien de neuf. Certains aspects du Graal semblent bien être ceux du Chaudron magique, mais on peut tout aussi bien dire que ce dernier préfigurait la coupe des récits médiévaux. Quoi qu'il en soit, c'est à coup sûr dans les versions tardives et généralement chrétiennes du conte que s'exprime entièrement la puissance du mythe.

Perceval, l'Idiot Parfait

Le premier écrit connu se rapportant au Graal le présente sous un jour qui n'est ni païen ni chrétien, bien qu'il soit possible de l'interpréter dans un sens comme dans l'autre.

Vers 1280, Chrétien de Troyes, déjà célèbre pour ses poèmes relatifs à d'autres épisodes de la Tradition arthurienne, commence son dernier roman, *Perceval, ou le Conte du Graal* (1).

1. Voir *Bibliographie*.

Il meurt avant de l'avoir terminé laissant subsister une énigme dont la solution n'a cessé de hanter d'innombrables personnes en quête de sagesse. Voici un très bref résumé de cette histoire :

« Perceval est élevé dans la forêt par sa mère. Ayant perdu au combat un époux et trois fils, elle est bien résolue à ce que l'enfant ne sache rien de la guerre ni des armes. Un jour, Perceval rencontre trois chevaliers d'Arthur. A cause de leur brillante armure, il pense tout d'abord que ce sont des anges mais ne tarde pas à recevoir, de leur part, quelques renseignements sur le monde des hommes. A partir de ce jour, il ne songe plus qu'à quitter la maison pour se mettre en quête d'aventures. Sa mère, au désespoir, finit par lui donner de pauvres vêtements, un cheval boîteux et, pour toutes armes, une cotte, un chaperon fait de cuir de cerf et une lance grossièrement taillée. Elle espère, grâce à cette apparence ridicule, qu'il ne connaîtra pas de réels dangers. Elle lui dit aussi que s'il rencontre une jeune fille il peut lui prendre son anneau et un baiser, mais rien de plus. »

« La première personne que Perceval trouve sur son chemin est la Demoiselle de la Tente. Elle réagit plutôt mal lorsqu'il suit aussitôt le conseil de sa mère, puis il la revoit en compagnie de son amant jaloux, l'Orgueilleux de la Lande, avec lequel il se bat. Ensuite, il arrive à la cour d'Arthur juste au moment où une insulte vient d'être faite à la reine : un chevalier a renversé du vin sur elle et lui a volé sa coupe. Décidé à faire de cet incident l'occasion de sa première aventure, Perceval poursuit le coupable et le tue sans difficulté. Un chevalier du nom de Gornemant de Goort le découvre, alors qu'il s'apprête à faire bouillir sa victime pour s'approprier son armure. Gornemant devient, pour le jeune homme, une manière de figure paternelle. Au cours des mois suivants, il sera initié, sous sa tutelle, aux usages et aux lois de la chevalerie. Avant de quitter son élève, Gornemant lui donne un dernier conseil : ne jamais parler sans y être invité, ne pas poser de questions stupides par simple curiosité.

« Cela n'est pas sans conséquences sur la prochaine aventure de Perceval. Sans l'avoir recherché, il arrive au château du Graal. Un homme qui pêchait dans une petite barque — et qui se trouve être son oncle — lui en a indiqué le chemin. Au château, Perceval assiste à une étrange procession dans laquelle figu-

rent des chandeliers, une lance dont la pointe laisse perler des gouttes de sang et un objet mystérieux appelé " graal ". Ces divers accessoires sont portés solennellement au travers de la salle. Dans une chambre intérieure gît un vieil homme qui paraît proche de sa fin, mais il est maintenu en vie par la nourriture tirée de ce " graal ".

« N'ayant reçu aucune explication de ces événements, Perceval, fidèle aux recommandations de Gornemant, s'abstient de demander ce qu'ils signifient. Il va se coucher et, lorsqu'il s'éveille le lendemain, le château est vide. Il repart, s'enfonce dans le bois et trouve une jeune femme en pleurs. Parlant avec elle, il apprend l'histoire du riche Roi Pêcheur et se voit reproché d'avoir laissé passer l'occasion de faire un grand bien. Ensuite, la Laide Demoiselle lui reproche, elle aussi, son silence. Rejeté, fort malheureux, Perceval erre cinq longues années par les terres sauvages, rencontrant les pires aventures. Puis un jour, trois chevaliers à pied lui apprennent que c'est Vendredi saint, où tout bon chrétien doit se confesser et faire pénitence.

« Perceval traverse les forêts et parvient à un ermitage. Il se confesse et apprend, par l'ermite, son oncle, le décès de sa mère, morte de chagrin parce qu'il n'est pas revenu et ne lui a donné aucune nouvelle de ses aventures. Plein de remords, le jeune homme décide de se remettre en quête du mystérieux château et du pêcheur. La suite nous conte les aventures de Gauvain qui est également à la recherche du Graal, mais l'histoire s'arrête, au milieu d'une phrase, avant la conclusion de ce chapitre, et tout reste en suspens. »

Ce mystère exerça une telle fascination qu'il n'y eut pas moins de quatre continuateurs (2) à tenter, avec plus ou moins de talent, d'achever son histoire, mais bien avant cela, d'autres versions, peut-être indépendantes, étaient apparues. Nous avons vu, par ailleurs, que Robert de Boron fut l'auteur d'une trilogie (3) dans laquelle il tentait de restituer les épisodes manquants. Identifiant le Graal au calice de la Cène, ce fut lui qui rattacha définitivement l'histoire à la tradition chrétienne. Il n'était peut-être pas

2. Le texte des quatre *Continuations* est donné dans la version du *Perceval ou le Roman du Graal* (collection Folio) (N.d.E.).

3. *Merlin, Joseph et l'Histoire du Graal* (N.d.E.).

le premier à l'avoir fait — lui-même assure qu'il s'inspire d'un autre texte — mais c'est sans grande importance, car sa version sera celle dont on se souviendra. Elle est très probablement à l'origine de la série de textes plus tardifs où l'affaire du Graal se charge de détails, acquiert un relief qui dépasse de loin tout ce que Robert de Boron avait pu rêver, sans parler du mystérieux Blihis Bliheris.

Perceval, l'Idiot Parfait, s'affirme dans ces récits ; il devient le champion du Graal. Les versions se succèdent, toujours plus complexes, attribuant à Perceval un rôle d'une ampleur croissante, ajoutant à l'explication du Graal une quantité ahurissante de traits inattendus, s'ouvrant sans cesse à de nouvelles dimensions. Le Gardien du Graal est membre d'une famille dont les origines remontent à Joseph d'Arimathie, un riche Juif qui fit don de son propre sépulcre pour qu'on y déposât le corps du Christ. On apprend aussi qu'après la Résurrection, il reçut du Messie en personne le Graal et l'enseignement qui s'y attachait.

Au cours de cette évolution, quelqu'un apporte une explication de l'infirmité du vieux roi. Il aurait été blessé, soit par accident, soit pour le châtier d'une mauvaise action, par un chevalier nommé Balin le Sauvage, que certains considèrent comme l'incarnation du paganisme. Ce « Coup Douloureux » qui donna lieu à une blessure inguérissable, sinon par le vainqueur du Graal, devient en plus la cause de la stérilité qui frappe le royaume. La terre où règne la lignée du Graal est déserte, les plus terribles aventures y attendent les hommes de la Quête. Cet état de choses doit, lui aussi, prendre fin le jour où le Chevalier du Graal posera la question rituelle. Il s'ensuivra tout un enchaînement de conséquences : le roi sera guéri, la terre retrouvera sa fertilité, quelque chose d'autre enfin, une indicible influence, entraînera dans l'ensemble du monde une profonde transformation (4).

Ce « quelque chose » occupe activement d'innombrables chercheurs, car le Graal contient, pour eux, de quoi guérir tous les maux de la création. Trouver la sainte Coupe, accéder à

4 Voir Jean Markale dans *le Graal*, sous la rubrique du *Didot-Perceval* de Robert de Boron (N.d.E.).

l'expérience de ceux qui ont pénétré ses ultimes secrets, c'est libérer une force, un amour impersonnel, une énergie vouée au service désintéressé, dont les effets sont capables de changer le monde pour toujours ; et peut-être le temps lui-même doit-il prendre fin, peut-être le grand livre cosmique où s'inscrit l'histoire de l'humanité sera-t-il clos.

Le Précieux Sang

De tous ces éléments nouveaux, l'association du Graal avec l'Eucharistie était sans aucun doute le plus important, celui qui allait influencer toutes les versions finales. Le Graal était tenu, très simplement, pour le signe visible du mystère christique, le symbole du grand sacrifice qui avait rapproché Dieu des hommes comme jamais auparavant. Quelle que soit la façon de voir que l'on préfère adopter, il demeure vrai que cet élément unique, l'Eucharistie, la communion directe avec le Divin, est ce qui distingue le Graal de tout autre objet sacré ou sanctifié. Partant du mystère de l'Incarnation, on peut envisager toute l'évolution du mythe, son passé, son avenir probable, sans jamais perdre de vue ce point essentiel : le Graal, objet de quête pour les Chevaliers de la Table ronde, puis pour des hommes et des femmes d'origines les plus diverses et de toutes les époques, a contenu le Sang de la Nouvelle Alliance, recueilli, après la descente de croix, par Joseph d'Arimathie lorsqu'il se joignit à ceux qui lavaient le corps du Christ.

On ne peut outrepasser cela, quelle que soit la manière dont on choisit d'interpréter — ou de ré-interpréter — l'histoire du Graal. Tel qu'il s'est établi, la portée du symbole est immense ; il peut devenir, il est souvent, tout ce qui compte pour les hommes. L'image qui le porte peut varier, s'incliner d'un côté ou de l'autre, mais sa fondation ultime ne saurait changer.

Cela ne signifie nullement qu'il faille adhérer à la foi chrétienne — pas plus, d'ailleurs, qu'il n'est question de devenir païen. Tout ce que l'on peut dire, c'est que le Graal *est,* indépendamment de toute croyance comme de tout scepticisme, et c'est ce qui en fait un symbole universel ouvert aux applications les plus diverses et les plus étendues. Il est la substance même du mystère,

Apparition du Graal.
(Photo Bibliothèque nationale, ms. 112, fol. 5.)

mais il nous réfère aussi au sacifice, au don de soi, à la recherche de l'Absolu quel que soit le nom qu'on lui donne : Dieu, Déesse, étincelle divine ou tout autre terme plus abstrait encore.

Cela dit, il y a d'indéniables ressemblances entre le calice chrétien et les objets magiques des païens ou des Celtes. Il paraît clair qu'elles ne sont pas accidentelles. On peut supposer que les auteurs de romans — Chrétien de Troyes, Robert de Boron et tous leurs successeurs — savaient ce qu'ils faisaient. Peut-être ignoraient-ils les origines d'une grande partie de leurs récits, peut-être aussi les connaissaient-ils avec précision. Mais il ne faut pas oublier que ces hommes étaient avant tout des créateurs. Ils n'étaient pas guidés par une inspiration surnaturelle ni même, dans la plupart des cas, par une piété exceptionnelle.

Certes, il est probable qu'ils pratiquaient dévotement, comme la plupart des hommes du Moyen Age, mais ils devaient savoir, même si elle était liée au cœur même du mystère chrétien, que l'idée du Graal n'avait rien d'orthodoxe.

Tout au long de la période où furent composés les plus grands textes, entre la deuxième moitié du merveilleux XIIe siècle et la première moitié du XIIIe siècle, la représentation du « vaissel » sacré subit, en fait, plus d'un changement subtil. Le Graal de Chrétien reste une énigme, son image n'est pas encore nette. Ses continuateurs, percevant la possibilité de nouvelles résonances, ne cesseront de la préciser. Robert de Boron, lui, fait remonter le temps jusqu'à la lointaine Palestine, ajoutant toute une série de dimensions nouvelles : Joseph d'Arimathie, le Précieux Sang, le voyage de la Coupe jusqu'en Grande Bretagne. Le Graal cistercien élargit encore la portée du symbole. Dans cette compilation, effectuée par un moine de cet ordre et peut-être commanditée par le grand théologien Bernard de Clairvaux, on voit apparaître des ermites errants, capables d'interpréter les songes et les visions des Chevaliers du Graal et de leur révéler leur signification profonde. D'autres auteurs viendront encore, apportant de nouveaux détails, de nouvelles couleurs, achevant la tapisserie du Graal telle que nous la connaissons aujourd'hui.

On peut se demander pourquoi le XIIe siècle fut si propice à la formation de ce mythe. L'une des raisons possibles est qu'il s'agissait d'une époque relativement libre sur le plan doctrinal. Certes, on ne pouvait choisir de croire à sa guise, mais la menace qui allait, au siècle suivant, peser sur ceux que l'on soupçonnait d'hérésie était encore lointaine. En 1200, la création de l'Inquisition était encore distante d'une trentaine d'années ; il en faudrait cinquante de plus pour que l'Église accepte de sanctionner l'usage de la torture.

Du jour où les idées supposément « nouvelles » commencèrent à être considérées comme des hérésies, quelque chose fut perdu, l'originalité et l'audace des images disparurent des romans les plus tardifs. Sans le travail du cistercien anonyme auquel nous devons, dans la *Queste del Saint Graal,* la plus grande part des chapitres se rapportant au Graal et peut-être même le mythe se seraient-ils perdus. Mais ce texte introduisait un personnage nouveau ou, tout au moins, lui conférait une importance bien supérieure à celle qu'il avait eue sans doute à l'origine. Son invention engage la légende sur des voies entièrement nouvelles. Il s'agit de Galaad, le Chevalier Parfait, fils de Lancelot et de la princesse du Graal, héros dont l'unique destinée est de retrouver le château du Roi Blessé et de rendre sa fertilité à la Terre Gaste.

Galaad, le Chevalier Pur

L'arrivée de Galaad sur la scène de la Tradition arthurienne a quelque chose de miraculeux. Pour Charles Williams, le plus grand exégète moderne de la mythologie du Graal, l'invention de ce personnage est l'un des événements littéraires les plus signifiants de tous les temps. On la doit, comme nous venons de le dire, à un moine inconnu. Comprenant qu'il fallait un élément nouveau pour assembler en un tout cohérent les diverses histoires, il eut l'idée d'y ajouter un être presque semblable au Christ dont la seule présence serait capable de « racheter » littéralement les légendes anciennes en les dégageant de leurs origines païennes. Ainsi naquit Galaad, chevalier sans péché, immaculé, célébré au XIXe siècle par Tennyson qui, dans un de ses poèmes, lui fait dire : *« Ma force est celle de dix hommes, parce que mon cœur est pur. »*

Ce vers résume parfaitement le personnage de Galaad, dont le nom même est plein de résonances bibliques. Littéralement, il signifie « un entassement de témoignages » ce qui, selon l'interprétation la plus courante, se rapporterait aux *« témoignages accumulés par les prophètes, annonçant la venue du Messie, c'est-à-dire du Christ »*. Pour notre part, nous lirions volontiers *« le point focal d'une tradition, l'aboutissement d'un héritage légué par les siècles »*. Il est certain que l'arrivée de Galaad à la cour d'Arthur, telle qu'on la trouve chez Malory (5), offre plus d'un rappel du Nouveau Testament :

« Pendant ce temps, un bon vieillard, un Ancien, tout habillé de blanc, était entré dans la salle. Nul ne savait d'où il venait. Il amenait avec lui un jeune chevalier. Tous deux étaient à pied et le jeune homme portait une armure rouge, mais sans épée ni écu, ayant seulement à son côté un fourreau vide. Il prononça ces mots : " Beaux seigneurs, que la paix soit avec vous. " »

Ce jour-là — c'est le 454e anniversaire de la première Pentecôte — toutes les places sont occupées autour de la Table ronde, à l'exception du Siège Périlleux dont nous savons qu'il demeura vacant et voilé depuis les débuts de l'Ordre de la Table ronde. Le voile est enlevé et l'on voit sur le dossier, en lettres d'or, le nom de Galaad. Le jeune chevalier à l'armure rouge s'y assoit. Dès lors, le mystère du Graal peut commencer pour de bon, la plus noble quête, la plus grande aventure que connurent jamais les chevaliers d'Arthur. Nombreux sont ceux qui échoueront et, parmi eux, Lancelot ; mais Galaad est son fils, conçu grâce à une étrange substitution, la princesse du Graal ayant fait croire au plus grand chevalier du royaume qu'il avait affaire à Guenièvre.

Cela constitue en soi-même un mystère d'une grande profondeur. Guenièvre, en effet, est l'un des aspects de la grande Déesse, elle est la Fiancée de Fleurs, régnant sur le printemps et la renaissance de la terre. Elle est aussi la Reine des Chagrins, la Dame Blessée, accablée par le poids des mauvaises actions commises, dans le royaume d'Arthur, par ceux qui ignorent l'amour. Arthur est le Seigneur Blessé, la personnification de la

5. Livre XIII, chapitre 3.

terre dont il est le roi — Logres, royaume intérieur mystique, inclus dans les limites géographiques de la Grande-Bretagne.

Nous voyons ici les principaux maillons d'une chaîne dont la fin sera l'échec du rêve arthurien. Normalement, Galaad aurait dû être le fils d'Arthur et de Guenièvre, du roi et de la reine, du Seigneur et de la Dame. Mais Arthur a engendré Mordred avec sa demi-sœur Morgause et Lancelot est l'amant de Guenièvre. Dans ce tissu enchevêtré de tromperies et de faux-semblants, apparaît la figure rédemptrice de Galaad. Une lumineuse providence lui permettra d'être celui qui accédera aux mystères du Graal, mais, hélas ! sans l'ultime transfiguration, sans que soit établi sur terre le paradis de Logres. Il ne jettera qu'un regard sur le contenu de la Sainte Coupe et mourra, dans une extase de désir, rien ne s'opposant plus à son union avec l'Absolu. Perceval, l'Idiot Parfait, poursuivra la Quête, puis ce sera Bohort, l'homme ordinaire, le troisième à réussir et le seul survivant, celui qui reviendra pour conter les hauts faits dont il aura été le témoin.

Le récit de Malory, basé sur l'œuvre de Robert de Boron, nous présente tout un défilé d'images superbes. Partant de Camelot, pleins d'ardeur et d'aspiration, les chevaliers se portent au-devant de leurs aventures, qui seront nombreuses et étranges. Trois d'entre eux réussissent. A bord de la nef magique de Salomon, ils voyagent à travers le temps, emportant le Graal à Sarras, la cité sainte. Mais Lancelot a échoué ainsi que Gauvain. La sœur vierge de Perceval connaît un triste sort, donnant son sang et sa vie pour une femme malade ; sa dépouille sera portée jusqu'à Sarras pour y être ensevelie près de Galaad. Perceval revient dans le Château du Graal, maintenant vide, pour que le mystère puisse continuer dans la suite des temps. Tous ces événements, et bien d'autres encore, animent comme des rêves la conscience des nouveaux aspirants à la Quête.

Qu'ils le sachent ou l'ignorent, ceux qui partent de nos jours à la recherche du Graal marchent toujours dans les pas des chevaliers d'Arthur, car ce sont eux qui ont ouvert la voie, aux temps où ils allaient, de si grand cœur, au-devant du mystère, sondant ses profondeurs pour en saisir le sens intérieur. Ils ne savaient rien, au départ, des périls qui les attendaient et lorsque les nouvelles d'échecs successifs leur parvenaient cela n'arrêtait pas leur élan. Ils continuaient, sans perdre courage, balisant de nouveaux chemins pour ceux qui prendraient leur suite.

C'est en cela qu'ils sont, bien plus que de simples personnages d'une histoire, de vivantes projections des archétypes primordiaux. Aucun cycle littéraire n'en a réuni à la fois un si grand nombre. Ils portent en eux toute la gamme de l'expérience humaine, l'aspiration, l'échec, l'ultime accomplissement.

*
* *

C'est pourquoi toute personne désirant aujourd'hui s'engager sur les voies qui mènent au Graal ne saurait mieux faire que d'étudier, aussi complètement que possible, leurs paroles et leurs actes, leurs succès ou leurs chutes. Une grande part de l'enseignement des sages s'y trouve, certes filtrée par de nombreux préjugés, mais tous ces ruisseaux finissent par se joindre, formant un grand lac de connaissance dont les profondeurs attendent ceux qui auront le courage d'y plonger. Ils y trouveront bien des merveilles. L'une des plus lumineuses est sans doute de voir poindre à l'horizon de notre esprit l'aube d'une compréhension globale, de percevoir, au-delà des éclairements partiels, l'unité du mystère que recèle la Tradition arthurienne.

Répétons que l'image du Graal possède un extraordinaire pouvoir d'adaptation, et que c'est l'universalité du symbole qui en constitue la valeur profonde. Le chercheur contemporain n'aura pas à adhérer à un culte, à une croyance particulière. Il suffira qu'il veuille le bien de tous les êtres et la guérison de la terre stérile, « gaste ». Ce sont là des objectifs parfaitement clairs, auxquels on peut aspirer quel que soit le point de vue initial. En servant nous sommes servis, c'est une voie de croissance intérieure. Entre le Graal qui nous environne de lumière et nous-même il se fait un échange. Nous avons bien voulu participer à son œuvre de guérison et de rédemption ; il nous offre, en retour, une part de sa bénédiction.

Tel est le grand secret du Graal. Un secret qui est aussi une évidence, tenons cela pour le premier des innombrables paradoxes qui s'attachent à ce symbole. Car le Graal est partout et nulle part, ceux qui le cherchent sont nombreux mais peu le trouvent ; plusieurs fois il est retiré du monde et pourtant il demeure. Il est Dieu tout en ne l'étant pas, précieux réceptacle dont le contenu vaut plus que lui-même. Quant à son histoire, les débuts n'en sont pas discernables, elle n'a pas de milieu certain et nul ne saurait en prévoir la fin.

Le Graal est donc l'énigme la plus profonde de toute la Tradition arthurienne. J'en ai parlé plus en détail (6). Dans le cadre du présent ouvrage, je n'ai pu qu'effleurer certains de ses mystères, mais tous restent offerts au chercheur d'aujourd'hui pourvu qu'il suive la voie intérieure du cœur jusqu'aux royaumes de la merveille et de l'aspiration. C'est là qu'il pourra rencontrer ceux qui l'ont précédé, ceux qui, par amour et par goût du service, s'offriront à le parrainer, à guider ses pas sur les chemins qui mènent à la sagesse du Graal. Cela ne finira jamais car le service, comme la Quête, est éternel. Là où régnait la fragmentation, il apporte l'unité, rapprochant ceux qu'il a touchés comme au sein d'une même famille, les alliant en une confrérie unique. Le service est la porte qui fait communiquer les mondes, le pont qui nous mène au Divin.

6. Voir, du même auteur : *Vivre aujourd'hui la Quête du Graal* (Éditions Dangles).

SIXIÈME EXERCICE :

La Chapelle du Graal

Une quête n'est jamais chose facile et l'on ne saurait s'y engager à la légère. Quels que soient les objectifs, si élevés que puissent être les idéaux, il y aura toujours des passages de doute, d'incertitude, d'opposition. Le présent exercice se propose d'aider le chercheur à faire face, aussi efficacement que possible, à de tels moments. On n'oubliera pas, cependant, que le succès final, ou l'échec, dépendent beaucoup de l'état intérieur et qu'une aide externe ne suffit jamais à elle seule. Les chemins menant aux terres du Graal sont nombreux et cette diversité peut elle-même être une voie d'approche, bien que ce ne soit pas la plus aisée.

*

* *

Vous fermez les yeux, vous laissez votre être s'immerger dans une profonde méditation, vous vous éveillez dans une futaie aux grands arbres séculaires. Le soleil d'une journée d'été descend au travers des feuilles, faisant sur le sol des dessins lumineux. Vous suivez un chemin large et bien marqué. Il vous conduit à une clairière, au centre de laquelle s'élève une petite chapelle de pierre. Elle paraît déserte. L'air est tranquille, on n'entend que le bourdonnement des abeilles ou bien, de temps à autre, traversant le silence, l'appel étouffé d'un oiseau.

Vous restez un moment devant le seuil, jusqu'à ce que vous vous sentiez prêt à entrer. Vous poussez le vantail de bois... L'intérieur est frais, faiblement éclairé, on y ressent une impression d'abandon, comme si personne n'y était venu depuis longtemps, et pourtant le sol est propre, l'autel fleuri. Peut-être sentirez-vous qu'il faut vous agenouiller, ou bien encore vous resterez debout,

Sixième exercice : **la Chapelle du Graal**

tête baissée, devant l'autel. Il se peut qu'à ce moment les raisons véritables de votre quête apparaissent clairement. Qu'elles soient bonnes ou mauvaises, il faut maintenant les regarder en face.

Le temps passe. Vous ne savez plus depuis quand vous êtes là, dans cette chapelle vide. Tout à coup, vous ressentez une chaleur. Le soleil a fait le tour de la chapelle et, par l'étroite fenêtre qui se trouve derrière l'autel, ses rayons tombent directement sur vous. Mais il vous semble que cette lumière a quelque chose de plus que celle du jour, elle pénètre en vous, réchauffe votre corps mais aussi votre esprit. Il vous semble que vous êtes saturé de lumière.

Peu à peu, tandis que vous baignez dans cette glorieuse clarté, vous prenez conscience d'un objet, sur l'autel, qui ne s'y trouvait pas à votre arrivée. C'est une simple coupe, mais il en émane un tel courant d'énergie qu'aucun doute n'est possible, vous êtes en présence du Graal. Vous éprouvez à son égard un respect mêlé de crainte, mais voici qu'un nuage obscurcit le soleil. Soudain, la chapelle devient froide et sombre. Dans la pénombre, vous voyez alors une chose étrange et terrible. Un grand bras noir est passé au travers de la muraille, une main se tend vers la coupe. Quel qu'en soit votre désir, vous êtes incapable de faire le moindre mouvement, mais vous pouvez rappeler la lumière par une affirmation d'amour, par la volonté de guérir tout ce qui souffre, tout ce qui est blessé. Faites-le sans attendre...

Le nuage s'écarte, le soleil brille à nouveau, la lumière est revenue. Elle pénètre dans la chapelle, touche la coupe qui s'allume, en réponse, d'un éclat merveilleux. La main qui s'apprêtait à la saisir se dissout en un nuage de fumée noire. La chapelle redevient calme et paisible. Vous voyez alors quelque chose qui vous avait été caché jusque-là. Derrière l'autel, il y a une petite porte entrebâillée. Par l'ouverture, vous apercevez un jardin plein de fleurs. Vous entendez quelque part une musique lointaine qui semble vous appeler.

Répondez, si vous le désirez, à cet appel. La musique vous conduira au pays du Graal où vous pourrez demeurer quelque temps — mais aussi hors du temps — jusqu'à ce que vous vous sentiez prêt à revenir. Pour cela, il vous suffira d'imaginer que vous êtes de retour dans la forêt, au milieu des grands arbres, et que le soleil, à travers les feuillages, fait sur la terre des dessins éblouissants. Éveillez-vous alors, sachant que vous avez trouvé le chemin qui, pour vous, mène aux Terres du Graal. Vous le retrouverez chaque fois que vous le désirerez. Si, lors de ce premier voyage, vous n'avez pas choisi d'entrer dans ce pays, vous pourrez le faire à votre prochaine visite car la porte étroite, derrière l'autel, n'est plus cachée.

VII. **Avalon et la Terre des Fées**

Chemins de l'Au-delà

« Je me rendrai en Avalon auprès de la plus belle de toutes les demoiselles, Argante la reine, elfe de grande beauté, qui guérira toutes mes blessures, qui me rendra toute santé par ses breuvages salvateurs. Puis je m'en reviendrai en mon royaume vivre en grande joie parmi les Bretons. »

Layamon, le *Roman de Brut*.

Le rêve de l'Autre Monde

Il est pratiquement impossible d'étudier l'une ou l'autre des traditions relatives à Arthur ou au Graal, sans y rencontrer certains aspects de l'Autre Monde (que les Irlandais appellent le « Sidh »). Au cours de leurs errances, sans cesse les chevaliers s'égarent loin du domaine des hommes pour pénétrer dans celui des fées, où ils rencontrent ses habitants, sortis des Collines Creuses par exemple (un des habitats des fées), pour mettre à l'épreuve tous ceux qu'ils croiseront sur les chemins. Ces façons d'agir n'ont jamais reçu d'explication satisfaisante. Souvent, il semblerait que ce soit pure malice de leur part, mais, sur un autre plan, on pourrait croire qu'à leur manière — c'est-à-dire avec la timidité qui leur est propre — les peuples de l'Autre Monde recherchent activement la compagnie des humains. Cependant, ils ne sont guère enclins à partager les secrets de leurs royaumes intérieurs ni à donner du pouvoir aux mortels.

De tous les chevaliers, Gauvain est sans doute celui qui entretient avec l'Autre Monde les relations les plus suivies. Dans l'une des histoires le concernant, il rencontre un dangereux personnage nommé Carl de Carlisle. Ils feront ensemble un long voyage, commençant aussitôt par l'intérieur des Collines Creuses. Leur pérégrination se poursuit dans un monde aux apparences aussi réelles que celui qu'ils ont quitté, mais les aventures qui leur adviennent dans ces régions sont d'une étrangeté exceptionnelle, même pour un champion de la Déesse.

Dans un autre texte, *Sone de Nansei,* le héros nous est présenté comme un personnage historique, peut-être originaire d'Alsace. Il voyage avec le roi de Norvège, traversant des contrées pleines de créatures étranges. Pour finir, ils arrivent dans une île où ils découvrent, en parfait état de conservation, le corps de Joseph d'Arimathie et, par la même occasion, rien moins que le Graal ! Tout le décor suggère nettement qu'il s'agit de l'Autre Monde. L'île se nomme « Galoche », ce qui peut être une déformation de « Gallois ». Elle n'est, parmi beaucoup d'autres, qu'un exemple de ces lieux magiques qui ne cessent d'apparaître dans les traditions celtiques et arthurienne.

Merlin lui-même possédait une retraite insulaire que l'on suppose être l'île de Bardsey, au large d'Anglesey. C'était là, disait-on, qu'était son observatoire. Il y conservait également les Treize Trésors de Bretagne, dont un chaudron inépuisable, une panoplie d'armes magiques et une grande trompe ayant appartenu au dieu Bran. Notons que ce dernier avait, lui aussi, une île où le temps s'arrêtait, où la nourriture et la boisson provenaient d'une source invisible.

Tous ces lieux étranges révèlent, profondément ancré dans le cœur des hommes, le désir d'un monde où les lois habituelles n'auraient plus cours, où tout serait possible, où la richesse viendrait aux pauvres, où les dépossédés retrouveraient la considération qu'on leur avait retirée. Plus tard, ce rêve serait remplacé par un autre, celui du Ciel ou du Paradis où les justes jouiraient pour l'éternité du repos et de la paix, mais les caractéristiques de l'Autre Monde étaient nettement moins éthérées. Ses plaisirs étaient simples. On y trouvait en abondance de quoi boire et manger, les femmes étaient belles, on pouvait y livrer de grands combats sans jamais recevoir de blessures fatales. Toutes ces représentations de l'Au-delà sont parfaitement résumées par l'île d'Avalon.

Avalon, l'Ile des Pommes

Les noms de l'Autre Monde, chez les Celtes, sont innombrables mais celui d'Avalon est le plus évocateur. Selon la Tradition, c'est le lieu de repos d'Arthur. Il y fut conduit après la sanglante bataille de Camlann où, à l'exception de quelques-uns, tous les Chevaliers de la Table ronde trouvèrent la mort. Mais il reviendra ; il attend, en Avalon, le jour où il sera rappelé en Bretagne pour reprendre son œuvre inachevée.

On a souvent tenté de localiser cet endroit fabuleux. Depuis le Moyen Age, une tradition l'associe à une ville du Somerset, Glastonbury, dont on a pu dire qu'elle était « la terre la plus sainte ». Joseph d'Arimathie, portant le précieux Graal, y aurait fondé une communauté chrétienne à l'époque où vivaient encore des hommes qui avaient connu le Christ. Saint Patrick, saint Colomban, sainte Brigitte y auraient séjourné.

S'agissant d'un symbole aussi primordial qu'Avalon, peut-être n'est-il pas raisonnable de lui attribuer une localisation géographique précise. Des correspondances existent néanmoins. Glastonbury est un nom saxon mais, autrefois, au temps des chefs de guerre celtiques, quand le Somerset s'appelait « le Pays de l'Été » et se trouvait plus qu'à moitié mêlé à l'Autre Monde, c'était *Ynis Witrin*, qu'on a voulu traduire par « l'Ile de Verre ». Le seigneur du lieu était un certain Evallach, également qualifié de *Rex Avalonis*, ou Roi d'Avalon, qui est, dans certains textes, le père de Morgane. Ailleurs, celle-ci est appelée « Vierge royale d'Avalon ». (Étant donné ce que nous savons d'elle, ce ne peut être qu'un titre héréditaire !)

Ynis Witrin devint donc Avalon, lieu de merveilles et de mystère. On disait qu'un objet précieux y était conservé en secret, peut-être sous la garde d'un collège de prêtresses dirigé par Morgane. Rappelons que d'autres traditions font d'elle la sœur d'Arthur et la servante de la Déesse.

C'est ainsi que prend forme un paysage intérieur : Logres, cœur mystique de la Bretagne, Logres et ses châteaux royaux — Camelot, Carléon, Carduel — ses forêts immenses où les Chevaliers de la Table ronde erraient en quête d'aventures, ses fontaines magiques gardées par des jeunes filles de l'Autre Monde dont la beauté surpassait celle des mortelles. Puis, au centre pourrait-on dire, de ce pays merveilleux, Avalon, l'île enchantée, porte de la Terre des Fées. Ses habitants s'en viennent parfois parmi les hommes. C'est pour les mettre à l'épreuve mais souvent, aussi, pour les conduire dans les profondeurs de la terre où vivent encore les dieux de l'ancien temps, car telle est, depuis toujours, leur coutume.

Le royaume d'Arthur et celui des fées furent toujours mitoyens. Lorsque Arthur s'embarqua sur son navire *Prytwen* avec une troupe de héros aux pouvoirs inouïs, c'est vers une île qu'ils naviguèrent, le but de leur périple étant de conquérir le Chaudron de Résurrection, gardé par neuf sœurs et par les guerriers de l'Autre Monde. Sommes-nous loin d'Avalon où régnaient Morgane et ses prêtresses ? Là aussi, on conservait un précieux « vaissel » qui, dans la dernière extrémité, pouvait guérir les hommes et les ramener à la vie.

Mais il y a mieux encore, en Avalon. C'est un lieu où l'éternité touche à la terre, où tout peut arriver — où tout arrive, en vérité. C'est à la fois une porte entre les mondes et le foyer des plus profonds mystères de Bretagne. Avalon est l'une des « Iles Fortunées », lieu de parfums et de fleurs. Malory l'appelle « le Val d'Avalon », Geoffroy de Monmouth le décrit en détail :

« L'Ile des Pommes tire son nom du fait qu'elle porte d'elle-même tous ses fruits ; les champs n'y ont nul besoin de charrue ni de laboureurs, il ne s'y fait nulle culture hors de ce que produit la Nature. D'eux-mêmes viennent le grain et le raisin, les pommiers y croissent dans les bois, sur l'herbe drue. Le sol y produit spontanément toute chose et non pas seulement de l'herbe, les gens y vivent cent ans et davantage. Neuf sœurs y règnent, selon des lois aimables, sur ceux qui devers elles s'en viennent de nos contrées... Ce fut là qu'après la bataille de Camlann nous conduisîmes Arthur... Morgane nous reçut avec tous les honneurs, elle fit mettre le roi dans sa propre chambre, sur

La sortie du gouffre.
Grotte de Huelgoat,
Finistère.
(Photo Roger-Viollet.)

une couche d'or, de sa main elle ôta les linges de sa noble blessure... enfin, elle dit que la santé pourrait lui être rendue s'il demeurait longtemps auprès d'elle et qu'elle eut le loisir d'exercer à son égard son art de guérisseuse. »

Avalon est donc un lieu de guérison, un lieu de paix où même l'ancienne inimitié de Morgane pour le roi n'a plus cours. C'est aussi le pays de Viviane, la Dame du Lac, celle qui ensorcela Merlin et finit par l'emprisonner dans une caverne, au pied d'un grand rocher. On dit que les reines de Norgalles et de la Terre Gaste en sont originaires, ce qui établit un lien entre l'Autre Monde et le Royaume du Graal.

Dans sa *Gesta Regum Anglorum*, Guillaume de Malmesbury décrit Avalon dans des termes qui l'associent plus étroitement encore aux royaumes féeriques :

« *Cette île merveilleuse est ceinturée par l'océan ; il n'y manque aucune bonne chose, on n'y trouve ni brigands, ni voleurs, ni ennemis pour tendre des embuscades. La neige n'y tombe jamais, ni l'été, ni l'hiver n'y ont de rages incontrôlées ; on n'y connaît que la paix ininterrompue, l'harmonie, la douce tiédeur d'un printemps perpétuel. Il n'y manque nulle fleur, ni le lis, ni la rose, ni la violette ; les pommiers portent sur le même rameau à la fois des fleurs et des fruits. Jeunes gens et jeunes filles y vivent ensemble sans péché et sans honte. La vieillesse y est inconnue, on n'y connaît ni maladie ni souffrance et tout est plein de joie. Nul ne conserve égoïstement quelque chose pour soi, tout y est partagé. »*

Il s'agit, on le voit, de ce que d'autres cultures auraient appelé le paradis sur terre. Pour les Celtes, c'était l'Autre Monde, aussi simple, aussi tangible que n'importe quel lieu familier. A nous de nous émerveiller de l'idée d'un tel endroit — un royaume d'où seraient exclus la tristesse et la maladie, la vieillesse et la pauvreté, où les hommes et les femmes vivraient ensemble dans l'harmonie et la paix, où la seule excellence de la terre produirait en abondance tout ce qu'il faut pour vivre ! Mais pour ceux qui contribuèrent à créer la Tradition arthurienne, tout cela se trouvait simplement au-delà des collines ou derrière l'arbre le plus proche.

*
* *

Je fus, en un clignement d'œil,
Dans ce pays merveilleux
Où j'étais venu autrefois.
Quand j'arrivai au cairn de trente armées,
J'y trouvai Labraid aux Longs Cheveux.

Assis sur le cairn, je le vis,
Autour de lui des armes sans nombre,
Sa tête aux clairs et beaux cheveux
Ornée de pommes d'or.
Ma dernière visite était ancienne,
Il y avait longtemps que je ne l'avais vu,
Mais il me reconnut aux cinq plis
De mon manteau de pourpre.
Viendras-tu, me dit-il, au logis
De Failbe la Bien Faite ?

Devant la porte qui regarde vers l'ouest,
Du côté où le soleil se couche,
Il y a une troupe de chevaux gris
Dont les crinières sont mouchetées
Et d'autres encore dont la robe
Est d'un brun violacé.
Devant la porte qui regarde vers l'est,
Trois arbres de verre violet ;
A leur sommet, une assemblée d'oiseaux
Chante de longues et douces mélodies
Pour les enfants de la royale forteresse.
A l'entrée de l'enclos, un arbre, et de ses branches
Vient une musique harmonieuse et belle ;
C'est un arbre d'argent,
Quand le soleil l'éclaire, il brille comme l'or.

C'est là qu'est le Chaudron
Plein d'hydromel qui donne la vigueur.
Quand ceux de la maison en prennent,
Jamais il ne s'épuise, car telle est la coutume :
Qu'il soit plein à jamais.
Dans le noble palais demeure une femme,
Aucune des filles d'Erin (l'Irlande) *ne l'égale.*
Quand elle s'avance, on voit ses blonds cheveux,
Elle est belle et ses dons sont nombreux.

N'est-ce pas le lieu idéal pour le repos d'Arthur ? Il avait voulu créer sur terre un royaume parfait, semblable à celui-là. Son échec ne tint qu'aux faiblesses des hommes, aux défaillances dont les habitants de l'Autre Monde seront toujours exempts.

Le Royaume des Merveilles

Avalon ressemble donc à cet état parfait de l'être, cet état d'équilibre qu'apportent parfois les pratiques de méditation ou certaines disciplines religieuses. Ceux qui sont partis en quête du Graal, ceux qui désirent la Caverne du Cœur le recherchent aussi, chacun selon ses voies. Comme l'écrit Dion Fortune, « *Lancelot veut une chose, Galaad en cherche une autre, mais tous deux arrivent en Avalon* ». C'est le centre où naissent tous les mystères arthuriens. Toute personne se donnant pour tâche de les découvrir et de les comprendre finira par y venir au terme de son voyage.

C'est là que se trouve la Table ronde sidérale où s'assemblent de grands êtres cosmiques, tradition dont il n'existe aucune trace écrite mais qui faisait partie de l'histoire de la Terre bien avant qu'il soit question d'Arthur, chef guerrier, ou même roi. On les appelle aussi « les Habitants d'Avalon » et leur appel doit être entendu en son temps par toutes les personnes que la Tradition arthurienne attire sur ses voies. Ce sont de grands archétypes primordiaux ; l'énergie des règnes intérieurs émane d'eux comme un faisceau de lumière, issu du centre, traversant les mondes jusqu'à la terre des hommes où elle travaille à l'achèvement du cosmos ; car les mystères du Graal, les aventures héroïques des Chevaliers de la Table ronde, n'ont pas, en fin de compte, d'autre but que cela. Lorsqu'une parole est prononcée à voix basse en Avalon, elle va, s'amplifiant comme le son d'un cor, résonner aux oreilles de ceux qui désirent le bien pour le monde et, pour l'humanité, le progrès.

C'est ce qui fait de la Tradition arthurienne un outil si puissant pour le développement d'une réalité intérieure, de ce noyau de sens originel transcendant le temps et l'espace qui, lorsqu'il aura achevé son œuvre de reconstruction, de restauration du monde et de ses habitants, pourra reprendre au centre du ciel étoilé la place qu'il occupait jadis.

Cela n'arrivera que si nous le voulons. Notre désir du bien, notre espoir de guérir la terre et le cœur blessé de l'humanité doivent être assez forts pour percer l'obscurité où notre époque, si souvent, s'est perdue. Il est question de foi et de pratique. Nous devons retrouver les disciplines spirituelles qu'enseignent le mythe du Graal, celui de la Caverne du Cœur, et les hauts faits des chevaliers errant aux Terres Aventureuses. Si nous y parvenons, cela peut produire dans le monde des changements importants et durables. Peut-être, modestement, aurons-nous participé à une tâche immense au terme de laquelle la Terre Gaste retrouvera sa fertilité, le Roi Blessé sera guéri et « Logres » rétabli sur la terre comme dans le cœur des hommes.

Ce rêve trouve sa pleine expression dans le mythe d'Arthur et de la Table ronde, dans ces récits de vaillance chevaleresque, de prouesses et de quêtes. Comme l'écrit le grand celtologue Jean Markale (1) :

« ... bien des récits épiques ou guerriers des traditions britanniques ou irlandaises se réfèrent à des conflits de nature symbolique. Nous y voyons le frère combattre son frère, le héros s'opposer au héros, les dieux aux hommes ou au peuple des fées. Des expéditions s'en vont dans l'Autre Monde qui peut être tout proche ou bien lointain, au-delà des mers ; on entreprend la quête d'objets mystérieux destinés à rendre au héros sa force ou son honneur. Tout cela représente une tentative concertée de résoudre les contradictions inhérentes à la vie sociale et le sentiment d'aliénation que l'homme éprouve face à leur extrême diversité... Par des combats réels contre des forces hostiles, l'épopée celtique décrit les luttes intérieures de l'homme, son conflit avec l'environnement. »

*
* *

La Tradition arthurienne est née de cette lutte. En étudiant ses archétypes, nous commençons peut-être à entrevoir la solution des problèmes de notre temps et les moyens d'y parvenir.

1. Dans son livre sur le roi Arthur (voir en *Bibliographie*).

SEPTIÈME EXERCICE :

L'Ile des Rêves

Les royaumes féeriques sont partout. Ils échappent tout juste à nos regards, dissimulés par le prochain tournant du chemin. De nombreuses portes en permettent l'accès — le rêve, la méditation, la visite des lieux antiques où le voile qui sépare les mondes est plus mince qu'ailleurs. Lorsqu'on est passé de l'autre côté, il est bon de se souvenir que ces lieux sont périlleux pour les mortels. Ceux qui s'y aventurent, souvent ne reviennent pas, ou bien il leur semble qu'ils n'y ont séjourné que quelques jours et s'aperçoivent, à leur retour, que des siècles ont passé dans le monde ordinaire. Il faut donc respecter certaines règles qui nous sont indiquées par les traditions anciennes : ne pas manger de nourriture offerte par les fées, ne boire que de l'eau, ne jamais tourner « à contresens », c'est-à-dire à l'inverse de la course du soleil. Par ailleurs, il faudra toujours obéir aux lois de l'Autre Monde telles qu'elles nous seront présentées au cours de nos séjours. Sachant cela, rien ne nous empêche de visiter ces antiques royaumes et d'en revenir chargé de richesses plus utiles que l'or des fées — dont chacun sait qu'il se transforme en poussière.

*

* *

Vous êtes debout sur une avancée, à la limite des terres. Devant vous, le gris-vert d'une vaste étendue marine s'étend jusqu'à l'horizon. Un vaisseau d'une forme bizarre s'approche sur les vagues. Ses rameurs sont des ondins ; ils ont d'étranges yeux violets et des doigts palmés. Par signes, ils vous font comprendre qu'il faut monter à bord et vous le faites sans hésiter, car vous êtes certain qu'ils ne vous veulent pas de mal. Le bateau se met aussitôt en mouvement. A vive allure, vous traversez les éten-

Septième exercice : **l'Ile des Rêves**

dues de l'océan. Au rythme de leurs rames, les ondins ont entonné une étrange mélopée.

Bientôt, à l'avant, apparaît une île. De hautes falaises s'élèvent au-dessus des flots, couronnées de murs et de tours d'un aspect surnaturel. Le vaisseau touche la grève, au pied des falaises, et vous descendez sur une plage de sable fin. Un chemin monte en spirale le long de la paroi. Vous le suivez jusqu'au sommet et vous apercevez, à l'intérieur des terres, un palais éclairé par une faible lueur. Sachant que c'est là votre destination, vous vous en approchez.

A l'entrée du palais, vous vous arrêtez un instant. Vos regards parcourent les hautes murailles lisses, décorées d'images fantastiques. Elles ne sont ni peintes ni sculptées, mais semblent faire partie de la structure même des pierres. Puis le haut portail s'ouvre et quelqu'un vient à votre rencontre. C'est une grande femme, très belle, vêtue d'une ample robe verte dont le tissu ressemble à la mer. Tout d'abord son visage vous paraît assez froid, mais ses yeux brillent d'un vif éclat et son accueil est chaleureux. Elle vous invite à pénétrer dans son domaine et vous dit son nom : Morgane, Fille de la Mer.

L'intérieur du château est aussi merveilleux que le promettaient ses abords. Les murs ont des reflets nacrés, comme s'ils étaient faits de perle. D'étranges scènes y sont gravées, décrivant la vie des royaumes magiques dans les quatre éléments — mais ici c'est surtout la mer qui domine. Vous suivez la Dame de salle en salle et votre émerveillement ne fait que croître. Voici des trésors qui passent l'imagination, voici des objets de pouvoir et de magie dont aucune chronique n'a jamais parlé.

Vous arrivez enfin dans une pièce qui se trouve presque au centre du palais. C'est un lieu d'une grande beauté, où des lits de bronze et de bois de cèdre s'alignent le long des murs. Dame Morgane s'arrête et vous dit de vous installer à votre aise. Vous êtes dans la Chambre des Rêves, et vous pourrez y demeurer quelque temps. Vous y découvrirez les plus intimes secrets de votre cœur. Vos rêves, ici, ne mentiront jamais, leurs images resteront en vous, elles feront désormais partie de votre être, même après votre départ de l'île. Prenez votre temps, voyez-vous faire : vous vous allongez, vous fermez les yeux. Des images arrivent, montant des couches les plus profondes de votre conscience. Sachez que vous pourrez les rappeler chaque fois que vous le voudrez.

Les rêves sont venus, ils vous ont enseigné, et maintenant vous vous éveillez. Un ondin silencieux attend de vous conduire auprès de Dame Morgane. Si vous le désirez, vous pourrez l'interroger sur ce que vous avez vu, mais n'oubliez pas que c'est une personne de grand pouvoir. Il faudra l'aborder respectueusement, avec une certaine retenue. Si tel est son bon vouloir, elle peut vous apprendre beaucoup de choses. Peut-être le fera-t-elle, même si vous la questionnez sur son rôle dans l'histoire d'Arthur, car vous avez déjà rencontré le roi et Merlin également, Merlin qui venait souvent en ces lieux avant de se retirer dans son propre domaine. Ce que vous voyez autour de vous n'est qu'un des innombrables aspects d'Avalon et, si la souveraine des lieux vous y autorise, vous pourrez continuer votre exploration, reprendre le bateau, faire le tour de l'île et l'aborder par d'autres faces.

Lorsque vous sentirez qu'il est temps de le faire, vous prendrez congé de la Dame d'Avalon et vous repartirez comme vous êtes venu. L'ondin taciturne vous conduira au travers des salles jusqu'au sommet de la falaise. Le bateau vous attend, à l'ancre devant la plage. Rejoignez-le par le chemin en spirale, montez à bord. Votre voyage de retour sera bref. Vous vous retrouverez sur une avancée de la terre, où votre conscience habituelle, peu à peu, vous reviendra. Vous vous apercevrez par la suite que vous conservez un souvenir détaillé de toutes vos expériences. Aucun des songes de la Chambre des Rêves ne sera perdu. Quand vous serez prêt, vous pourrez toujours repartir pour l'île et en apprendre davantage, car les mystères qu'elle recèle sont innombrables.

VIII. **Le Chant sans fin**

Arthur dans le monde moderne

« Arthur se fit transporter en Avalon et dit à son peuple qu'il fallait l'attendre, car il reviendrait. Les Bretons s'en retournèrent à Carduel et l'attendirent plus de quarante années avant de se résoudre à prendre un autre roi, car toujours ils croyaient qu'il allait revenir. Mais vous savez qu'en vérité, certains, depuis lors, l'ont entendu chasser par les forêts, qu'ils ont ouï l'aboi de ses chiens, tandis que d'autres ont longtemps espéré son retour. »

Le *Didot-Perceval.*

Une changeante image

Dès le début, la Tradition arthurienne connaît de constantes mutations, souvent subtiles. Fondue, à l'origine, dans un moule héroïque, l'image primitive d'Arthur devient peu à peu celle d'un roi chevalier, entouré d'une cour élégante. Plus tard, on en fera un usage politique, inventant de fausses prophéties que l'on attribue à Merlin, mais qui sont destinées, en fait, à soutenir le régime en place.

Les Tudor, en particulier, s'appuient assez lourdement sur la présence d'Arthur dans leur arbre généalogique pour étayer leur prétention au trône. Un panégyrique d'Henri VII le décrit comme *« le dragon des Galles du Nord, homme de renom... issu du sang d'Arthur... à qui revient la grande joie prédite par Merlin »*. En 1587, Thomas Churchyard, dans son livre intitulé *The Worthiness of Wales*, parle d'Élisabeth Ire en ces termes :

« Celle qui siège sur le trône royal
Couronnée, portant le sceptre et l'épée,
Qui, par la race et le lignage,
D'Arthur est l'héritière. »

Plus tardivement encore, en 1610, l'auteur de théâtre Ben Johnson, écrit une parade historique : *The Speeches at Prince Henry's Barriers.* Jacques Ier, dit ce texte, monarque *« sage, modéré, juste et courageux, revendique le siège d'Arthur ».* Sans doute est-ce un écho d'une épigramme à la mode utilisant les mêmes termes :

« Charles Jacques Stuart
Revendique le Siège d'Arthur. »

Puis, l'étoile arthurienne pâlit quelque temps à l'horizon de la littérature. Spenser consacre la première partie de son épopée, *The Faery Queen,* aux exploits du jeune Arthur, s'inspirant visiblement de Malory et de quelques sources plus anciennes. Merlin fait une brève apparition dans le *Don Quichotte* de Miguel de Cervantès. Milton envisage d'écrire une œuvre épique à la gloire d'Arthur mais change d'avis, au profit du *Paradis perdu.* William Blake, peintre et poète visionnaire, mentionne Arthur dans quelques-unes de ses œuvres principales.

Puis, au XIXe siècle, c'est l'avènement du romantisme, grâce auquel les personnages d'Arthur, de Guenièvre, de Lancelot et de Tristan vont connaître une véritable renaissance. Alfred Tennyson, poète-lauréat, compose la longue série des *Idylles du Roi* dont les rythmes sonores ne sont pas sans rappeler la puissance originelle des romans médiévaux, bien que la moralité de ses chevaliers soit typiquement victorienne et que son Arthur, parfois, semble porter la redingote et le chapeau claque.

* * *

Les thèmes arthuriens dominent, désormais, en poésie, en peinture, en musique. La Fraternité préraphaélite, dont Edward Burne-Jones et William Morris sont des membres éminents, peint de nombreuses toiles ayant pour thème les légendes de la Table ronde. Les mêmes sujets inspirent un flot de poésie, parfois excellente, souvent moyenne ou franchement médiocre, mais le public la lit avec avidité. La magie, la beauté de ces histoires, leur constant rappel des niveaux les plus profonds de l'expérience humaine, exercent, pour cette époque plutôt terne, une véritable fascination.

Un nouveau départ

Le début du XXe siècle connaît une guerre si meurtrière qu'elle dépasse toute imagination. Une nouvelle race d'artistes paraît alors, dont beaucoup s'inspirent à nouveau des images et des récits de la Tradition arthurienne.

David Jones, à la fois poète et peintre, est de ceux-là. Il peint un certain nombre de toiles extraordinaires sur des thèmes arthuriens — la messe du Graal, par exemple, célébrée dans une chapelle détruite par les bombardements, au milieu de la nouvelle Terre Gaste qu'est devenu le front. Dans son grand poème *Parenthesis,* les soldats de la Première Guerre mondiale et les héros de la Table ronde combattent côte à côte. *Anathemata,* l'œuvre suivante, évoque d'une façon tout à fait étonnante l'histoire entière de la Grande Bretagne, depuis le lointain passé géologique jusqu'à la dimension future d'une éternité semi-mythique. Les thèmes d'Arthur et du Graal y apparaissent avec une force et une vitalité inouïes (1).

Les techniques archéologiques modernes s'allient bientôt à une étude plus approfondie des rares documents authentiques des VIe et VIIe siècles ce qui permet de dégager la réalité historique sur laquelle se fondent les mythes et les récits anciens. Le commencement du Moyen Age — le fameux âge obscur — ne paraît plus si ténébreux. Écrivains et poètes ne manquent pas d'utiliser ce nouveau fonds de connaissances, qui ne cesse de s'enrichir.

A partir des années 40, on assiste à la parution d'un certain nombre de romans historiques mémorables. Citons *The Bear of Britain* de Edward Falkland, chronique poétique très détaillée

---

1. Il existe, en France, un centre appelé Centre de l'imaginaire arthurien, à l'adresse suivante : Château de Comper-en-Brocéliande, 56430 Concoret (Tél. : 97-22-79-96). Les Éditions Artus ont d'ailleurs publié un très beau livre sur les peintures inspirées par Merlin et Viviane (voir *Bibliographie*).

décrivant la vie de l'Arthur historique, *The Great Captains* de Henri Treece, où l'histoire est contée du point de vue de Mordred, *Porius* de John Cowper Powys, vaste fresque romanesque parfaitement digne de ses meilleurs antécédents moyenâgeux mais résolument contemporaine, et enfin, de Rosemary Sutcliff, *The Sword at Sunset,* qui est peut-être le meilleur ouvrage de cette série. Arthur y est décrit dans toute son humanité ; personnage tragique d'une grande noblesse, il poursuit, dans l'atmosphère magique d'un âge oublié, son rêve d'un royaume idéal tout comme, jadis, dans les romans de Chrétien de Troyes ou de Robert de Boron.

Nous devons à T.H. White un ensemble de quatre romans dont le titre général est *The Once and Future King* (le Roi qui Fut et Sera), traduction en anglais de l'épitaphe latine que l'on pouvait lire, dit-on, sur le tombeau où Arthur n'avait jamais reposé. C'est une reprise de l'histoire telle qu'elle est contée par Malory, mais l'auteur y a introduit un certain nombre de changements majeurs. *The Sword in the Stone* nous parle de l'enfance d'Arthur, de son éducation par les soins de Merlin ou plutôt, selon la graphie de White, Merlyn. Celui-ci est un vieux monsieur plutôt comique vivant son existence à l'envers. Il est très différent du Merlin des temps anciens, mais son art magique n'en est pas moins puissant. Il prépare le jeune Arthur aux grandes tâches qui l'attendent en lui faisant prendre successivement la forme d'un oiseau, celle d'une bête, puis d'un insecte, chacune de ces métamorphoses enseignant à son élève quelque chose de la stupidité humaine.

Après ces débuts plutôt allègres, l'atmosphère s'assombrit nettement dans les deux ouvrages suivants. *The Queen of Air and Darkness* s'attarde sur le personnage de Morgause, jusqu'à l'événement déterminant qu'est la naissance de Mordred, annonçant, comme on le sait, la destruction du monde arthurien. Un troisième roman, *The Ill-Made Knight,* conte l'histoire de Lancelot et de Guenièvre avec une passion et un réalisme rarement égalés pour un tel sujet. Enfin, *The Candle in the Wind* décrit la chute de la Table ronde et la guerre contre Lancelot jusqu'à sa sinistre conclusion. Un cinquième volume, inachevé par suite de la mort de l'auteur, fut néanmoins publié sous le titre *The Story of Merlyn*. A la veille de la bataille de Camlann, le vieil enchanteur paraît dans la tente d'Arthur. Il guide son protégé à travers une nouvelle série de transformations qui le prépareront à la restauration des temps futurs, après son retour d'Avalon. L'ambiance du roman se ressent beaucoup de l'amertume qu'éprouvait White face à l'imminence d'une nouvelle guerre contre l'Allemagne, mais il contient néanmoins quelques-uns des plus beaux passages de son œuvre lorsque Arthur, au-delà de la nuit où se perd son rêve, est conduit jusqu'aux sources neuves de la lumière.

Les poètes par ailleurs, n'oublient pas la Tradition. Dans un recueil lyrique d'une grande puissance, *Midsummer Dream*, un autre poète-lauréat, John Masefield, mêle d'une façon toute nouvelle les éléments héroïques et romantiques des anciens contes. Puis nous avons Charles Williams. Membre d'un groupe connu, les « Inklings » dont firent également partie J.R.R. Tolkien et C.S. Lewis, il composa ce qui demeure à ce jour l'ensemble de poèmes le plus saisissant et le plus magique sur le thème du Graal. C'est tout un monde qu'il nous dévoile, depuis P'o L'u, royaume négatif du mal, jusqu'à Sarras, la cité sainte. Aucun résumé ne peut faire justice à la qualité magistrale de cette poésie dont les deux volumes portent les titres de *Taliesin through Logres* et *The Region of the Summer Stars*. La citation que nous donnons ci-dessous ne peut être qu'un avant-goût ; il faudrait lire l'œuvre entière, ainsi que le prochain ouvrage de Gareth Knight : *The Magical World of the Inklings* (2)

Merlin et sa sœur jumelle Brisen symbolisent, chez Williams, le temps et l'espace. Tous deux sont les enfants de Viviane, la Nature. Ils se livrent à une opération magique dont le but est d'aider à la fondation du royaume d'Arthur :

Le cône d'ombre projeté par la Terre
S'enfonçait dans l'Espace.
Il pénétrait aussi, hors de l'Espace,
Le troisième ciel.
Le troisième ciel appartient aux vérités vivantes,

---

2. Les romans inspirés par la Tradition arthurienne sont également nombreux en France : *L'Enchanteur pourrissant* d'Apollinaire, *le Roi Pêcheur* de Julien Gracq, *le Roman du roi Arthur* de Xavier de Langlais, *Merlin* de Michel Rio... pour n'en citer que quelques-uns (N.d.E.).

Celles qui demeurent entières,
Celles qui luisent, en Vénus, d'un calme éclat.
Merlin, Brisen, à la pointe du cône
Ont entendu vibrer comme un bourdon d'abeilles.
L'intelligence sensible, en toute hâte,
S'attache à l'image de la Terre.
Au troisième ciel, dans le désert, les pierres brillent
Comme les astres au firmament d'été.
Entre le bois et le désert,
Comme attelés au même joug,
Les enfants de Viviane ont commencé le rituel.
Ils ont invoqué le troisième ciel,
Perçu dans le bourdonnement lointain
De l'intelligence spirituelle.
Ils ont appelé le troisième ciel
A la construction de Logres,
A la fondation des royaumes de la Trinité
Qui portent, sur les cartes de l'âme, le nom de Sarras.
Merlin prépare cet avènement...
Levant haut le bâton incisé de cinq croix,
Il commence l'incantation.
Dans la langue de Brocéliande
Il adjure les atomes primitifs de la Terre
De former les frontières de Logres
Afin que Carbonek revienne à Carléon
Et Carléon à Camelot
Et que l'union du roi Pellès au roi Arthur
Soit consommée...

Un autre poète de qualité, John Heath Stubbs, propose sa vision personnelle d'Arthur dans *Artorius*, vaste fresque épique où le romanesque s'allie subtilement au mythe héroïque.

Plus récemment, toute une série de romans vient s'ajouter à ces œuvres majeures. *Les Dames du Lac* et *les Brumes d'Avalon* (3) de Marion Zimmer Bradley, *Down the Long Wind* de Gillian Bradshaw, la trilogie de Merlin par Mary Stewart, et une autre trilogie de Stephen Lawhead : *Taliesin*, *Merlin* et *Arthur*. Tous ces ouvrages ont de fortes résonances magiques, ce qui diversi-

3. Basé sur *le Morte d'Arthur*, de Malory.

fie les possibilités offertes aux découvreurs actuels de la Tradition. Marion Zimmer Bradley adopte le point de vue de Morgane et nous offre une riche vision d'Avalon, dont le territoire flottant dérive toujours plus loin du royaume historique d'Arthur. Elle évoque également, au commencement, l'ombre de l'Atlantide, reprenant une idée émise, en premier lieu, par Dion Fortune. Ygerne aurait été, avec Merlin, l'une des rares survivantes de l'engloutissement du continent perdu, apportant à ses descendants les connaissances magiques de la civilisation la plus ancienne et la plus avancée qui ait jamais été.

Stephen Lawhead va plus loin encore dans ce sens lorsqu'il attribue aux survivants du cataclysme la fondation de Glastonbury et de quelques autres communautés en Grande-Bretagne, celles-ci étant à l'origine des croyances relatives au monde du Sidh, ou Terre des Fées.

Gillian Bradshaw, dont les romans se rapportent à Gauvain, propose, elle aussi des thèmes magiques. Son héros, sous l'égide du dieu Lug, doit découvrir puis utiliser une épée de lumière. Elle se réfère, en cela, à une tradition selon laquelle Gauvain aurait été en possession d'Excalibur, Arthur lui ayant confié cette arme pendant quelque temps lors des combats contre les Saxons.

Dans la trilogie de Mary Stewart, Merlin tient davantage du magicien moderne que du druide inspiré des textes plus anciens. Il n'en est pas moins le descendant du Merlin Ambrosius de Geoffroy de Monmouth. Sujet à des transes prophétiques, il connaît les tourments que peut subir un voyant doué lorsqu'il sait, mais ne peut intervenir. Impuissant, il verra retomber dans la nuit le royaume qu'il avait contribué à fonder.

Le cinéma contemporain n'est pas en reste. *Excalibur* (4), mis en scène par John Boorman avec la collaboration de Raspo Pallenberg pour le scénario, offre une merveilleuse image du cycle arthurien dans son entier, depuis la naissance du roi jusqu'au dernier combat. L'action, par moments, est si concentrée que l'histoire devient difficile à suivre, mais l'écriture du film possède une unité rarement égalée. Le symbolisme de la Quête du Graal est

4. D'autres adaptations cinématographiques ont été faites, parmi lesquelles on peut citer *Merlin* de Walt Disney, *Perceval* d'Éric Rohmer, ou *les Chevaliers de la Table ronde*.

bien utilisé ; il ne peut y avoir d'équivoque sur les liens qui unissent Arthur au Roi Blessé puisque, dans cette version, il s'agit d'une seule et même personne. Le portrait de Merlin est l'un des meilleurs qu'on nous ait donnés. Personnage à la fois sage et fuyant, il est le dernier prêtre-dragon de l'ancienne Bretagne et tire de l'immense réserve intérieure à la terre l'énergie nécessaire à ses opérations magiques.

Une dimension magique

Il ne faudrait pas croire que de telles opérations n'existent qu'au cinéma ou dans la fiction romanesque. La plupart des ouvrages que nous avons cités ont ceci de commun qu'en plus de leurs sources historiques et mythiques ils contiennent de nombreux éléments relevant de l'ésotérisme magique. Ainsi, dans son roman sur Tristan, *The White Raven,* Diana Paxton utilise ses propres connaissances dans le domaine de la magie. Elle est en effet prêtresse d'un groupe nommé « Covenant of the Goddess » (le Pacte de la Déesse). Quant à Charles Williams, les descriptions que l'on trouve dans ses poèmes ont pour origine son appartenance au « Magic Order of the Golden Dawn (Ordre magique de l'Aube dorée) ».

Pendant la dernière décennie du XIXe siècle, ce groupe prestigieux, auquel participèrent A.E. Waite, W.B. Yeats et, brièvement, Aleister Crowley, avait commencé, déjà, à se servir de la Tradition arthurienne pour l'accomplissement d'un travail magique. Il fut repris par Dion Fortune, fondatrice de la « Society of Inner Light » (Société de la Lumière intérieure) et par les « Servants of the Light School of Quabbalistic Science » (École cabbalistique des Serviteurs de la Lumière). Il existe également des initiations individuelles, comme celles de Gareth Knight, de R.J. Stewart et de l'auteur (5).

L'importance, la valeur profonde de la Tradition arthurienne vient avant tout de ce qu'elle est fondée sur des principes ésoté-

5. On pourrait citer, pour la France, le Festival du Graal qui se tient annuellement à Carcassonne en novembre.

Le départ des Chevaliers pour la Quête.
(Photo Bibliothèque nationale, ms. 91, fol. 81 v°.)

riques, des forces archétypales nombreuses et variées s'exprimant à travers elle. C'est en cela qu'elle se prête si bien au travail magique. Prenons l'exemple d'un atelier de week-end auquel l'auteur put assister en 1982. Grâce à l'unité de conscience collective des cinquante ou soixante personnes présentes, on put accumuler, en cette occasion, une énorme quantité d'énergie. On laissa s'y former un tourbillon de forces puis, l'opérateur qui dirigeait le groupe se mit à « rappeler » Arthur, Guenièvre, Merlin et Morgane, de façon à ce qu'ils émergent des régions intérieures. Les archétypes arthuriens étaient présents, littéralement, parmi nous et continuèrent à l'être pendant quelque temps après la pratique. On peut dire, en un sens, que ce jour-là, le Seigneur Endormi fut vraiment rappelé d'Avalon puis envoyé dans le monde pour y travailler à la restauration du royaume. Par la suite, plusieurs autres opérations furent effectuées par cette même assemblée ou par des groupes moins importants qui en étaient issus. Le travail initial fut ainsi renforcé sur les sites mêmes des légendes arthuriennes, soit en groupe, soit individuellement.

Voici un autre témoignage direct, plus détaillé :

« Cette nuit-là, dans le Camelot que nous avions créé, la prophétie du retour d'Arthur se réalisa. Après une lecture du poème Morte d'Arthur *de Tennyson, nous avons appelé parmi nous les archétypes de la Table ronde, qui se trouvaient ainsi libérés. Nous sommes restés assis, en silence, pendant très longtemps, invoquant les personnages qui nous étaient devenus si familiers au cours de ce week-end, les envoyant en mission d'intercession auprès de notre monde troublé, invitant aussi ceux de nos amis ou les membres de nos familles qui souhaitaient se joindre à la compagnie. Nous avons réalisé, ce jour-là, quelque chose d'impressionnant, de vraiment magnifique. Le pouvoir que nous avions évoqué était visible, perceptible de toutes les manières, les cierges, sur l'autel, brillaient d'un éclat plus vif que la normale. Aucun de nous ne voulait partir, nous étions saisis, non de crainte, mais d'un désir très intense de rester là. Puis, l'un après l'autre, les assistants se sont dispersés, ils sont allés porter dans le monde la substance de notre expérience commune, chacun ayant à continuer l'œuvre de la Table ronde dans le cadre de sa propre vie. »*

Cette opération atteignit son point culminant — mais non pas le point ultime de son évolution — dans un travail de grande envergure entrepris en 1987. Il s'agissait de restaurer ces lieux profondément magiques que sont les Cours de la Joie. Les quatre Objets Sacrés appartenant au mythe du Graal : la Coupe, la Lance, la Pierre et l'Épée, furent distribués aux divers centres d'énergie du corps de Logres, afin de contribuer activement à la guérison de la terre et de ses habitants.

La lecture de témoignages comme celui-ci ne remplaceront jamais une participation effective aux mystères arthuriens, dont ce livre tente de donner une idée. L'expérience des forces archétypales ne s'acquiert qu'en travaillant avec elles, et c'est pourquoi nous avons proposé quelques exemples de méditations.

Il existe, bien sûr, d'autres systèmes mythiques, tout aussi valables, que l'on peut également utiliser. Il n'entre nullement dans les intentions de l'auteur de les déprécier en concentrant l'attention sur la Tradition arthurienne. Cependant, bien qu'elle soit enracinée dans la terre des deux Bretagnes, il est certain que l'étendue de ses applications lui confère une portée universelle. Cette valeur reste entière, quels que soient le pays ou les origines du pratiquant. Toutes les légendes du cœur, de l'Afrique à la Russie, ont leurs Arthurs et leurs Merlins. L'héritage traditionnel est d'une richesse infinie, mais la source, en fin de compte, est toujours la même.

*

* *

Chez nous, le souvenir d'Arthur reste vivace et la force magique qui s'attache à son nom continue à s'exercer avec la constance d'une flamme. Les traditions qui font de lui le Seigneur Endormi, l'esprit tutélaire d'une Bretagne intérieure, donnent son expression à quelque chose de réel, de très puissant. David Jones, dont nous avons parlé plus haut, résume parfaitement ces contenus profonds dans un poème intitulé *The Sleeping Lord*. En voici, pour conclure, un passage. Il sonne particulièrement juste au moment où nous allons aborder, dans un dernier exercice, une vision toute nouvelle de la Tradition arthurienne.

Depuis combien de temps sommeille-t-il
le Seigneur Endormi ?
Les fougères mouillées où murmure le vent
parlent-elles de son ancienne vaillance ?
Le sorbier enfoui le garde-t-il encore des sorts contraires
Ou bien est-ce lui qui protège
le bois touffu, les habitants du bois ?
Les chênes tordus sont-ils sa garde aux bras noueux
Ou bien sa sève vigoureuse
est-elle ce qui nourrit leurs branches ?
Est-il vrai que la terre attend son réveil ?
Ou n'est-ce pas la terre épuisée
qui est le Seigneur Endormi ?

HUITIÈME EXERCICE :

Le Roi des Temps futurs

Arthur est appelé « le Roi qui Fut et Sera » parce que l'archétype dont il est l'une des expressions est éternel. Notre monde l'a toujours connu, car il était présent presque à ses origines. Il ne s'agit pas, bien sûr, d'Arthur, mais d'un être plus ancien qui finit, en quelque sorte, par s'incarner dans le personnage semi-mythique, semi-historique du héros. Il ne convenait donc pas qu'il mourût. Comme le dit un ancien poème gallois, *« un tombeau pour Arthur, ce n'est pas une sage pensée »*. Il se retira, comme Merlin l'avait fait avant lui, en un lieu secret. On dit que son sommeil durera jusqu'à ce qu'il soit rappelé pour achever le travail qu'il avait commencé dans un lointain passé. Que l'on choisisse ou non de croire que ce rappel a déjà eu lieu, il est un aspect d'Arthur qui ne dort jamais et grâce auquel nous pourrons toujours prendre contact avec lui. Nous avions suggéré une telle rencontre au premier exercice. Il nous reste, après avoir traversé, de chapitre en chapitre, divers degrés de conscience, à revenir au lieu profond où repose le Seigneur Endormi pour lui faire offrande de ce que nous avons appris.

*
* *

Commencez, en préparant votre méditation, par vous enfoncer dans les profondeurs de la terre. Cet élément, le plus dense de tous, vous ressentez combien il est vivant. Il vous environne de toutes parts et vous le traversez sans peine jusqu'à ce que, très loin de la surface, vous arriviez dans une vaste caverne. Une clarté, qui semble issue des parois, vous permet d'apercevoir, au centre de la grotte, une grande pierre. Sur ce roc repose la forme

Huitième exercice : **le Roi des Temps futurs**

d'un homme d'une taille bien supérieure à celle du commun des mortels. Il est couché sur le flanc, les genoux un peu relevés, une main sous la tête. Ses cheveux et sa barbe sont aussi bruns que le jour où il arriva en ce lieu, voilà bien des siècles, pour y commencer son long sommeil. Malgré l'aspect redoutable de la grande épée posée à son côté, malgré le bouclier appuyé à la pierre, la lance, à terre, toute prête à servir et la fine cotte de mailles suspendue non loin de là, il se dégage de sa personne une impression de paix.

Il ressemble à celui que vous avez déjà rencontré, et pourtant il est autre. Vous retrouvez cet air de noblesse et de force intérieure tempérée de tristesse, mais l'être que vous voyez là semble, à tous points de vue, manifester une dimension supérieure. Certes, il est très grand, mais vous sentez que les pouvoirs, les dons du Seigneur Endormi dépassent, eux aussi, la moyenne.

Bientôt, vous remarquez qu'il a les yeux ouverts, qu'il porte sur vous un regard chaleureux, plein d'amitié, mais aussi de curiosité. Il ne fait aucun mouvement, mais vous sentez qu'une intelligence pénètre en vous, sondant votre âme, lisant ce qui est écrit sur le livre de votre vie. Selon votre nature, vous en concevez de la honte ou de l'exultation.

Puis, sans qu'une parole ait été prononcée, voilà que vous êtes enlevé vers le haut, que vous passez, comme dans un rêve, à travers les épaisseurs de la terre, que vous quittez le sol et continuez à monter dans le ciel. D'en haut, vous voyez une partie du pays où vous étiez tout à l'heure. Il a l'aspect et la forme du roi : ses membres sont les collines et les vallées, son corps est le tumulus vert sous lequel vous savez, pourtant, qu'il repose, endormi. Portant les yeux au loin, parmi les étoiles, vous voyez alors, comme une image de miroir, une forme plus grande encore que celle d'en bas, un vaste réseau d'énergies joignant entre eux les mondes planétaires et même les soleils.

Saisi de crainte, vous détournez vos regards, car c'est le Seigneur Cosmique dont Arthur le Guerrier, Arthur le Seigneur Endormi, ne sont que le reflet. Vous fermez vos yeux intérieurs et, dans l'instant, vous vous retrouvez debout dans la caverne, face au calme regard de celui qui dormait et qui s'est éveillé. Le moment est venu de lui faire votre offrande. Donnez-lui tout ce que vous avez appris au cours de vos voyages dans les régions intérieures, tout ce qui constitue votre part de la Tradition. Offrez-lui cette histoire éternelle, encore et toujours reprise, mais dont la fin reste cachée pour les rêves des hommes.

Votre affirmation vient d'être faite. Elle a été reçue. Vous commencez à revenir. Vous flottez vers le haut, traversant l'épaisse obscurité de la terre, vous émergez à l'endroit même où vous aviez commencé votre méditation. Si vous le voulez bien, cette expérience viendra s'imposer comme un sceau sur tous les travaux que, par la suite, vous effectuerez dans cette sphère particulière de la compréhension. Ce qu'Arthur a reçu, d'autres en prennent conscience et vous serez, pour cette raison, béni par les habitants d'Avalon.

*

* *

Puissiez-vous découvrir, par les terres d'Arthur, des richesses toujours nouvelles, toujours plus de profonde sagesse.

Glossaire des personnages arthuriens

Agravain : Fils de Lot et de Morgause, il est le troisième frère de la famille d'Orcanie, après Gauvain et Guerrehet, suivi par Gaheriet. Plus flottant et moins digne de confiance que les trois autres, il participe à un complot contre Lancelot dont les conséquences amèneront la chute des Compagnons de la Table ronde. Il sera tué par Lancelot au cours d'un combat devant la chambre de la reine.

Ambrosius Aurelianus : Successeur de Vortigern et frère d'*Uther*.

Antor : Père adoptif d'Arthur. Après que Merlin le lui eut confié, il éduqua le jeune roi dans l'ignorance de sa véritable identité.

Arthur : Fils d'Uther et d'Ygerne. On a dit que sa mère était de ceux qui s'échappèrent de l'Atlantide avant que ce grand continent ne soit englouti. D'autres assurent qu'elle était d'ascendance féerique. Quant à Uther, il appartient à la lignée des rois du royaume de Logres. Arthur devint le roi sacré de Bretagne lorsqu'il retira d'une pierre l'épée qui s'y trouvait plantée. Ce n'était pas Excalibur, comme on le dit parfois, mais une arme symbolisant les droits d'Arthur sur le trône, l'épisode de l'épée dans la pierre ayant été préparé d'avance par Merlin. Celui-ci fut également responsable de la conception d'Arthur, ayant donné à Uther l'apparence de Gorlois, l'époux d'Ygerne. Par la suite, Merlin devint le conseiller d'Arthur.

Beduier : Chevalier, l'un des premiers compagnons de la Table ronde. Il devint l'échanson de la cour, participant, avec l'irascible *Keu,* à l'organisation des festins. Il n'en fut pas moins un vaillant guerrier. Il demeura auprès d'Arthur jusqu'à la fin et ce fut lui qui, selon Malory, jeta dans le Lac dont elle était issue Excalibur, l'épée enchantée. Chez Xavier de Langlois et d'autres, c'est Girflet qui le fit.

Bercilak : Seigneur à qui Morgane donna l'apparence du Chevalier Vert. Il représente le principe hivernal, mais sa métamorphose le révèle aussi comme un dieu de la végétation, chargé de mettre *Gauvain* à l'épreuve et de l'initier aux secrets de la Déesse. Son épouse, dame Bercilak, dut, sous la contrainte, tenter de séduire Gauvain afin de l'amener à renier ses vœux de chevalier et d'entamer ainsi la réputation de la Table ronde. Aux niveaux plus profonds, elle est l'un des aspects de la Déesse, et son rôle de tentatrice a pour but d'initier Gauvain à son propre service.

Blaise : Le Maître de Merlin. Merlin lui fera un dernier rapport avant de se retirer du monde. C'est un personnage plutôt obscur. La plupart des textes en font un ermite ou un moine, mais on peut penser qu'il s'agit, en fait, d'une figure primitive, beaucoup plus ancienne, auprès de qui Merlin apprit les arts secrets.

Bohort : Cousin de Lancelot. Parmi les chevaliers de la Table ronde, il est l'un de ceux qui possédaient la plus grande force physique. Il se distinguait par un caractère ferme et sûr, et fut le troisième à réussir dans la Quête du Graal. Ce fut lui qui revint à Camelot, après la fin de la Haute Quête, pour en faire le récit au roi et aux chevaliers. Par la suite, il refusa de défendre Guenièvre contre l'accusation d'adultère dont elle était l'objet, puis changea d'avis mais n'eut pas à intervenir du fait de l'arrivée de Lancelot qui sauva la reine. Après la bataille de Camlann, dont il fut l'un des très rares survivants, il se fit ermite.

Bran, dit le Béni : Roi ancestral de Grande Bretagne, il fut l'un des grands dieux titanesques qui régnèrent sur le pays avant l'avènement d'Arthur. Il préfigure aussi le Roi Blessé des histoires plus tardives. Au moment de sa mort, il ordonna que sa tête soit tranchée et déposée dans l'île de Gwales où, pendant de nombreuses années, elle continua d'émettre des oracles. Mais un jour, un des compagnons qui en avait la garde ouvrit une porte interdite. Aussitôt la tête devint silencieuse et commença à se corrompre. Elle fut portée à Londres où, conformément aux vœux de Bran lui-même, on l'enterra sous la Colline Blanche, afin que le dieu puisse continuer à protéger le pays contre les invasions. Arthur, par la suite, la fit exhumer de façon à être reconnu comme le seul défenseur des deux Bretagnes.

Brangien : Compagne d'Iseult de Cornouailles. C'est elle qui donna à Tristan et à sa maîtresse le philtre magique que la mère d'Iseult avait préparé pour la nuit de noces de sa fille et du roi Marc. Tristan étant devenu l'amant de sa maîtresse, elle accepta de remplacer celle-ci auprès de Marc, afin qu'il ne sache pas que sa femme n'était plus vierge.

Brisane : Nourrice d'Elaine de Corbenic (chez Malory et dans le *Lancelot* de Robert de Boron). Faisant prendre à Lancelot un breuvage magique pour lui faire croire qu'il avait affaire à Guenièvre, elle ménage, par cette ruse, les circonstances qui permettent la conception de Galaad. Trouvant à son réveil Elaine et non Guenièvre auprès de lui, Lancelot manque de la tuer, puis devient fou pour un temps. Elaine élève Galaad, puis elle l'envoie chez les nonnes d'Aymesbury pour y continuer son éducation. (Brisane peut être rapprochée de Lunete, dans *Yvain,* le Chevalier au Lion.)

Daguenet : Bouffon de la cour d'Arthur, il devint l'un des chevaliers de la Table ronde. Ses aimables moqueries en firent l'un des personnages les plus appréciés de l'entourage royal. Il se lia d'amitié avec Tristan et le sauva plus d'une fois des poursuites du roi Marc.

Dandrane, également appelée La Pucelle-qui-jamais-ne-mentit : Sœur de Perceval qui accompagna les Chevaliers du Graal et finit par se sacrifier pour guérir une femme lépreuse. Sa dépouille fut portée, dans la nef magique de Salomon, jusqu'à la cité sainte de Sarras où elle fut ensevelie auprès de Galaad. Étant la seule femme impliquée dans la Quête, son rôle est d'une grande importance. Elle représente, avec Elaine de Corbenic, les mystères féminins du Graal.

Elaine de Corbenic, également appelée Olwenn : Fille de Pellès et membre de la famille du Graal. Brisane donne à Lancelot un breuvage drogué pour lui faire croire qu'il va passer la nuit avec Guenièvre. Lorsqu'il découvre la tromperie, il devient fou pour quelque temps, mais Elaine le retrouve et le guérit. Par la suite, elle devient la princesse du Graal.

Elaine d'Escalot, également appelée Passerose : Jeune femme dont le père arme secrètement Lancelot pour le tournoi de Winchester. Elle tombe amoureuse du célèbre chevalier puis, comprenant qu'elle ne sera jamais aimée de retour, se laisse mourir de faim. Son corps est placé dans une barque dérivant au fil de la rivière jusqu'à Camelot, où chacun s'attriste de son sort malheureux.

Gaheriet : Troisième fils de Lot et de Morgause. Chez Malory, il se rend incognito à la cour d'Arthur, où Keu le met au travail des cuisines et le surnomme « Beaumains » (Belles mains). Il demande à entreprendre l'aventure de Lynette et s'y distingue de façon remarquable, combattant toute une série de chevaliers de diverses couleurs. Il devient le disciple appliqué de Lancelot qui le fait chevalier. Le grand héros le tuera, de façon tragique, lors du combat qu'il livra pour délivrer Guenièvre du bûcher.

Galaad : Fils d'Elaine de Corbenic et de Lancelot. Il surpasse son père, tant pour la chevalerie que par la pureté de sa vie, et mène à son terme la Quête du Graal, en même temps que Perceval et Bohort. Sa relation avec son père est touchante et peut nous éclairer beaucoup. Mourant, ses dernières paroles, adressées à Bohort, seront celles-ci : « Recommandez-moi au souvenir de mon père, le Seigneur Lancelot. »

Galehaut, Roi des Iles Lointaines : Seigneur du royaume de Surluse. Au commencement du règne, il est en guerre contre le roi Arthur mais finit par se rendre, ayant observé les manières chevaleresques de *Lancelot,* dont il devient le disciple. Plus tard, croyant que Lancelot a été tué, il refuse de se nourrir et meurt. Il est enterré avec tous les honneurs à Joyeuse Garde, le château de Lancelot.

Gauvain : Fils de Lot et de Morgause. L'aîné des frères d'Orcanie. Jusqu'à l'arrivée de Lancelot, il fut le plus valeureux chevalier de la cour. Sa réputation souffrit de son allégeance à la Déesse, dont il devint le champion et l'amant après son initiation par le Chevalier Vert et son mariage avec Ragnall. A la mort de ses frères, tués par Lancelot, il devint le pire ennemi de celui qui avait été son ami le plus cher. Il mourut de ses blessures après un combat que Lancelot n'avait pas souhaité. Son fantôme apparut à Arthur à la veille de la bataille de Camlann.

Gorlois : Duc de Tintagel et premier époux d'Ygerne. Il mène contre Uther une guerre impitoyable et finit pas être tué dans un raid, loin du château de Tintagel. C'est alors que Merlin donne l'apparence de Gorlois à Uther et que ce dernier engendre Arthur avec Ygerne, qu'il épouse par la suite.

Gromer Somer Jour : Frère de Ragnall qui défie Arthur de trouver la réponse à cette énigme : « Quelle est la chose que les femmes désirent par-dessus tout ? » C'est un puissant personnage de l'Autre Monde et un enchanteur. Il est vaincu par Arthur avec l'aide de Gauvain, et révèle qu'il a lui-même été ensorcelé par Morgane la Fée.

Guenièvre : Fille de Léodagan, épouse d'Arthur. Sa liaison avec Lancelot provoque la chute du règne et elle finit ses jours dans un couvent, à Aymesbury. Elle y meurt après avoir fait ses adieux à Lancelot, et c'est là que se trouve sa sépulture. Son rôle originel était celui de la Fiancée de Fleurs, aspect de la Déesse dont la fonction est d'être l'enjeu d'un combat entre l'été et l'hiver. Il y eut sans doute un temps où Arthur et Lancelot furent les représentants des deux saisons.

Guerrehet : Fils de Lot et de Morgause, il est le second frère d'Orcanie. Apprenant que Morgause a pris Lamorat pour amant, il les surprend au lit et, dans un accès de rage, tranche la tête de sa mère. Il sera tué par Bohort au cours du combat qui doit sauver Guenièvre du bûcher.

Iseult aux Blanches Mains : Fille du roi de la Bretagne armoricaine, elle devint, à la requête de son frère Kaherdin, l'épouse de Tristan. Le mariage n'ayant jamais été consommé, elle en conçut une très vive amertume. Lorsque Iseult la Blonde s'en vint, par mer, au secours de Tristan blessé, Iseult aux Blanches Mains le trompa quant à la couleur de la voile du navire, causant ainsi sa mort. Peu de temps après, elle se suicida.

Iseult la Blonde : Fille du roi d'Irlande. Devant épouser le roi Marc de Cornouailles, elle devint l'amante de Tristan après avoir pris avec lui un philtre magique que sa mère avait préparé pour la nuit des noces. Sa beauté était célèbre. On fut grandement scandalisé, à la cour d'Arthur, de sa liaison avec Tristan qui, pour un temps, détourna l'attention de celle qui rapprochait Lancelot de Guenièvre. Arrivant trop tard pour sauver Tristan d'une blessure empoisonnée, Iseult tomba morte et fut ensevelie auprès de son ami, en Armorique.

Joseph d'Arimathie (saint) : Riche Juif dont les connexions avec les îles Britanniques auraient eu pour origine le commerce de l'étain cornouaillais. Il se peut qu'il soit venu en Grande Bretagne avec Jésus, dans la jeunesse de ce dernier. Après la crucifixion, il demanda qu'on lui remette le corps du Messie et l'ensevelit dans son propre tombeau. En récompense, il reçut la garde du Graal et devint le fondateur d'une lignée de gardiens qui continuèrent à veiller sur la précieuse coupe jusqu'à sa découverte par Galaad. Celui-ci aurait été un descendant direct de Joseph. On dit aussi que Joseph d'Arimathie aurait construit, à Glastonbury (Somerset), la première église chrétienne, dédiée à la Vierge Marie.

Keu : Frère adoptif d'Arthur et fils d'Antor. Il devint le sénéchal d'Arthur et le servit fidèlement jusqu'à la fin de la Table ronde. Son caractère irascible et parfois cruel lui valut la réputation d'un homme peu agréable, mais c'était un bon chevalier et il semble qu'il ait réellement aimé Arthur.

Kulhwch : Héros celtique primitif. Sa quête d'Olwen aux Blanches Traces, fille d'Yspaddaden, le chef des Géants, l'amène à demander l'aide de son cousin Arthur. Celui-ci met sous les ordres du jeune homme une compagnie fantastique de héros, tous doués de pouvoirs de l'Autre Monde. Les aventures qui suivent nous restituent des fragments d'une quantité de récits épiques.

Lamorat : Fils de Pellinore. L'un des plus forts, physiquement, parmi les chevaliers de la Table ronde, il tomba amoureux de Morgause et finit assassiné par Gauvain et ses frères. Guerrehet, auparavant, avait surpris Lamorat au lit avec Morgause, sa mère, et tranché la tête de celle-ci dans un accès de colère.

Lancelot : Fils du roi Ban de Benoïc, surnommé Lancelot du Lac parce qu'il avait été adopté, enfant, par les Dames du Lac, dans l'Autre Monde. Il est certain qu'il conserva beaucoup de qualités d'un chevalier féerique, et que cela fit de lui le héros le plus renommé de la cour d'Arthur. Il devint, après Gauvain, le champion de la reine et c'est ainsi qu'il tomba amoureux de Guenièvre. De nombreuses histoires ont pour thème les prouesses de Lancelot et ses efforts pour débarrasser le royaume de coutumes iniques. Il fut, pour la garde de la Terre ancestrale, le substitut d'Arthur, le lieutenant du pouvoir royal. Ayant été, par suite d'une tromperie, amené à coucher avec Elaine de Corbenic, il fut, pour un temps, pris de folie. Après sa guérison, il prit part à la Quête du Graal mais, à cause de son amour adultère pour Guenièvre, il ne put accéder lui-même au « vaissel » sacré. L'achèvement de la Quête revint à Galaad, son fils, qui le représente et le surpasse. Banni de la cour à la fin du règne, il se fit ermite après le départ d'Arthur.

Lot : Roi d'Orcanie, époux de Morgause. Au début du règne d'Arthur, il fut l'un des souverains rebelles. Le clan d'Orcanie, composé de ses fils Gauvain, Agravain, Guerrehet, Gaheriet et de leur mère, conserva à l'égard d'Arthur une certaine animosité, mais l'ironie du sort voulut que les germes de l'ancienne rébellion renaissent chez Mordred, fils d'Arthur et de Morgause. Lot fut tué par Pellinore.

Lunete ou **Lynette,** parfois nommée la Demoiselle Sauvage : Chez Malory, elle vient à la cour pour demander du secours au nom de sa sœur Lyonesse, emprisonnée dans son propre château. Le seul chevalier disponible, récemment promu, est Beaumains — c'est-à-dire Gaheriet — qu'elle ne cesse de railler pour son inexpérience. Dans un conte plus ancien, elle apparaît comme guide et protectrice d'Yvain.

Lyonesse : Sœur de Lunete. Elle est délivrée par Gaheriet qui, plus tard, l'épousera.

Marc : Roi de Cornouailles, oncle de Tristan. Il charge son neveu de demander la main d'Iseult, la fille du roi d'Irlande ; les résultats de ce choix seront, pour lui, désastreux. Iseult échappe à la nuit de noces en lui envoyant sa compagne, Brangien, qui se substitue à elle. Bien qu'il poursuive souvent sa femme et son neveu, Marc nous est présenté comme un mari trompé assez complaisant, toujours prêt à pardonner à Iseult son infidélité.

Merlin : Magicien et tuteur de la lignée des Pendragon. Né du commerce d'une vierge avec un incube, Merlin est découvert par les hommes de *Vortigern*. Il devait être la victime d'un sacrifice, permettant d'achever une tour dont les murs ne cessaient de s'écrouler. Merlin leur parle de l'éternel combat que se livrent deux dragons sous les fondations, ajoutant une interprétation selon laquelle ils symbolisent le conflit entre les races bretonne et saxonne. Il prophétise, en vers gnomiques, l'avenir de la Grande Bretagne et devient le conseiller d'Ambrosius Aurelianus, puis de son frère Uther. Pendant le règne de ce dernier, il applique son art magique à la construction de Stonehenge. Arthur hérite de ce conseiller magique, mais pour peu de temps. Selon les sources les plus anciennes, il se retire du royaume de son père et devient l'esprit tutélaire de la Grande Bretagne. Les romans français, plus tardifs, le font succomber aux charmes de Viviane. Merlin est le principal instigateur de la stratégie des Pendragon et le gardien du pays qui, aux temps anciens, fut appelé *Clas Myrddin,* l'Enclos de Merlin.

Mordred : Fils incestueux d'Arthur et de Morgause. Lorsqu'il comprit qu'il avait couché avec sa sœur, Arthur, tel Hérode, fit publier une proclamation décrétant que tous les enfants nés en ce temps devaient être abandonnés aux flots, sur une barque. Mordred survécut et fut élevé par Morgause qui, plus tard, l'envoya à la cour. Il ne fut jamais reconnu comme le fils et le successeur d'Arthur. Il profita de la débâcle de la Table ronde et de l'absence d'Arthur pour saisir le pouvoir. Il fut tué par Arthur, non sans lui avoir infligé une blessure mortelle.

Morgane la Fée : Fille de Gorlois et d'Ygerne. On l'envoya dans un couvent pour y recevoir, en principe, l'éducation d'une nonne. En fait, elle y fut initiée aux arts magiques. Elle contracta un mariage politique avec Urien de Gorre dont naquit son fils Yvain. Constamment opposée à son demi-frère *Arthur,* et ne cessant de contrecarrer ses plans, elle semble toujours prête à comploter quelque nouvelle énormité. Cependant, on peut penser qu'elle agit ainsi en tant que protectrice de la Terre ancestrale, adoptant à l'égard d'Arthur des mesures qui ont le sens d'un défi et qui sont destinées à maintenir la souveraineté arthurienne en état de vigilance. Morgane a de nombreuses corrélations avec les personnages de l'ancienne mythologie celtique. Ces liens illustrent clairement son rôle de gardienne de la Souveraineté dont elle est, à plus d'un titre, l'incarnation.

Morgause : Femme de Lot, fille d'Ygerne et de Gorlois. Elle contracte un mariage politique avec Lot d'Orcanie dont elle a quatre fils : Gauvain, Guerrehet, Agravain et Gaheriet. Elle est également la mère de Mordred qu'elle a conçu avec son demi-frère Arthur, l'ayant séduit à la veille de son couronnement. Elle devient l'amante de Lamorat puis est tuée par Guerrehet lorsqu'il découvre ce rapport adultère.

Morholt (le) : Oncle d'Iseult la Blonde, parfois nommé Marhaus. Marc avait à payer un tribut au roi d'Irlande. Lorsqu'il cessa de le faire, le Morholt fut désigné pour combattre Tristan, le champion de Cornouailles. Ce dernier le tua, mais non sans avoir reçu de sa main une grave blessure.

Palomides : Chevalier sarrasin amoureux d'Iseult la Blonde (chez Malory). Après la mort de Pellinore, c'est lui qui doit poursuivre la Bête Questive.

Pellès, aussi nommé Pellam (ou Pellehan) : Roi de Corbenic et membre de la famille du Graal. Blessé avec la Douloureuse Lance, il devint le roi de la Terre Gaste dont la désolation ne pouvait être guérie que par celui qui réussirait dans la Quête du Graal. Pellès n'hésita pas à user de magie pour amener Lancelot à concevoir avec sa fille Elaine de Corbenic, le futur vainqueur du Graal.

Pellinore : Chez Malory, le roi Pellinore était le père de Perceval et de Lamorat. Sa tâche principale fut la poursuite de la Bête Questive. Parce qu'il avait tué le roi Lot, il y avait, entre sa famille et celle d'Orcanie, une très ancienne querelle. La vengeance revint finalement à Gauvain et à Guerrehet qui le tuèrent.

Perceval : Fils de Pellinore chez Malory, et de Gahmuret dans d'autres textes. L'un de ceux qui accédèrent au Graal. La plupart des traditions nous disent qu'il fut élevé par sa mère dans l'ignorance des armes et des règles de la courtoisie, mais sa vaillance naturelle le mena à la cour d'Arthur, dont il repartit aussitôt à la poursuite d'un chevalier qui avait offensé Guenièvre. Continuant son initiation de chevalier, il arrivé au château du Roi Pêcheur, mais s'abstint, par suite d'une politesse mal conçue, de poser la question rituelle qui eut permis la guérison du roi et de son royaume. Les traditions les plus anciennes nous disent qu'il poursuivit la Quête et finit par devenir le nouveau gardien du Graal. Dans la version cistercienne, il est remplacé, en tant que vainqueur de la Quête, par Galaad, et devient le compagnon de ce dernier. L'ignorance du jeune Perceval lui a valu l'appellation d'Idiot Parfait, mais il y a en lui une simplicité évangélique, une innocence exempte de péché qui, dans sa maturité, deviendront une sagesse réelle et pénétrante.

Ragnall : Sœur de Gromer. Transformée, par suite d'un enchantement de Morgane, en une horrible vieille, elle vient au secours d'Arthur, lorsqu'il doit donner réponse à une énigme proposée par Gromer. Elle lui offre de lui révéler le secret s'il promet de la marier à Gauvain. Arthur, sachant qu'il peut compter sur la fidélité de son neveu, accepte. Gromer arrive et pose à nouveau la question rituelle : « Quelle est la chose que les femmes désirent par-dessus tout ? » Arthur répond : « Les femmes désirent avoir la souveraineté sur les hommes. » Gauvain et Ragnall sont mariés. Au premier baiser, Ragnall se transforme en ravissante jeune fille et pose au chevalier une nouvelle question : préfère-t-il que sa femme soit belle la nuit et laide le jour, ou le contraire ? Comprenant parfaitement la moralité d'un tel dilemme, Gauvain demande à sa femme d'en décider, à la suite de quoi l'enchantement prend définitivement fin.

Tristan : Neveu de Marc. Envoyé en Irlande par Marc pour y chercher sa nouvelle épouse, Iseult la Blonde, Tristan tombe amoureux d'elle après avoir bu avec elle un philtre magique. Leurs amours mouvementées sont marquées par de continuelles poursuites de la part du roi Marc. Ils y échappent sans cesse, au moins provisoirement, en ayant recours à toutes sortes de subterfuges. Tristan finit par épouser une autre femme, Iseult aux Blanches Mains après qu'elle l'a guéri d'une blessure causée par une flèche empoisonnée, mais il ne peut trouver le bonheur auprès d'elle. Il meurt sans avoir revu Iseult la Blonde. Tristan est le type même du héros chanté par les bardes. Son caractère est très différent de celui de Lancelot, dont le fond de qualités chevaleresques lui fait défaut. Par sa conduite amoureuse, toujours poétique, il reste un véritable Celte.

Urien de Gorre : Il est l'un de ceux qui se rebellèrent contre Arthur au début de son règne, puis il devient l'un de ses plus fidèles vassaux. Il est le père d'Yvain et l'époux de Morgane.

Uther Pendragon : Père d'Arthur, second époux d'Ygerne. Après son accession au trône, Uther aperçoit Ygerne et la désire. Il assiège le château de son époux, Gorlois. En l'absence de ce dernier, il prend, avec l'aide de Merlin, son apparence pour pouvoir coucher avec Ygerne. A l'heure même où cela se produit, Gorlois est tué au combat. On perçoit, chez Uther, les résonances les plus antiques de la légende arthurienne, la base première sur laquelle elle se fonde. La manière dont il s'approprie Ygerne suggère la pratique de ce qu'on a nommé « la coutume de Pendragon », une forme de droit du seigneur qu'il exerçait à l'égard des femmes de son royaume.

Viviane : Elle était la fille d'un certain Dyonas, gentilhomme adorateur de la déesse Diane. Les traditions les plus tardives l'assimilent à la Dame du Lac. Merlin lui enseigna la magie et finit par s'éprendre d'elle. Grâce à l'enseignement qu'elle avait reçu, elle put attirer Merlin sous un gros rocher et l'y emprisonner pour toujours. La suite de l'histoire nous la montre vêtue du manteau magique de Merlin qu'elle s'est approprié.

Vortigern : Prédécesseur d'Ambrosius, il fit venir des mercenaires saxons pour défendre son royaume, initiative que son peuple reçut fort mal. Il tenta de construire une forteresse et n'y parvint jamais, car les murs ne cessaient de s'écrouler. C'est ainsi que Vortigern découvrit Merlin. Celui-ci défia les druides de Vortigern et prophétisa l'avenir de la Bretagne. Vortigern devait mourir peu de temps après.

Ygerne : Mère d'Arthur. Une tradition veut qu'elle ait été originaire de l'Atlantide mais, dans la plupart des versions du cycle, elle est la femme de Gorlois de Cornouailles. Uther tomba amoureux d'elle et, grâce à Merlin, prit l'apparence de son époux et engendra avec elle le futur roi Arthur.

Yvain, de son nom gallois Owein : Fils de Morgane et d'Urien de Gorre, il fut l'un des premiers chevaliers d'Arthur. Dans les *Mabinogion*, il devient l'époux de la Dame de la Fontaine et le maître des Jeux Enchantés. Dans une tradition plus tardive, il empêche Morgane de tuer Urien, son père. Dans le roman de Chrétien de Troyes portant son nom, il est accompagné d'un lion, d'où son surnom de Chevalier au Lion.

Bibliographie

Boulenger, Jacques : *Les Romans de la Table ronde* (Plon).

Bouyer, Louis : *Les Lieux magiques de la légende du Graal (de Brocéliande en Avalon)* (Éditions O.E.I.L.).

Brekilien, Yann : *La Mythologie celtique* (Jean Picollec).

Brocéliande ou l'Obscur des forêts, collectif (Artus).

Campbell, Joseph : *Les héros sont éternels* (Seghers).

Chrétien de Troyes : *Le Chevalier au Lion (Yvain),* trad. de M. Rousse (Garnier-Flammarion).

Chrétien de Troyes : *Le Chevalier au Lion (Yvain),* trad. de C. Buridan et J. Trotin (Slatkine Reprints).

Chrétien de Troyes : *Le Chevalier de la Charrette,* trad. de J. Frappier (Slatkine Reprints).

Chrétien de Troyes : *Le Conte du Graal ou le Roman de Perceval,* trad. critique, présentation et notes de C. Méla (Le Livre de Poche).

Chrétien de Troyes : *Le Conte du Graal,* trad. de J. Ribart (Slatkine Reprints).

Chrétien de Troyes : *Érec et Énide,* trad. de R. Louis d'après l'édition de Mario Roques (Slatkine Reprints).

Chrétien de Troyes : *Perceval ou le Roman du Graal,* suivi d'un choix des continuations, préface d'A. Hoog, trad. et notes de J.-P. Foucher et A. Ortais (Gallimard, collection Folio).

Chrétien de Troyes : *Romans de la Table ronde,* préface, trad. et notes de J.-P. Foucher (Gallimard, collection Folio).

Corbin, Henry : *Face de Dieu, face de l'homme* (Flammarion).

Dante, Alighieri : *La Divine Comédie* (Classiques Garnier).

Dauge, Paul et Le Guillou, Philippe : *Immortels Merlin et Viviane* (Artus).

De Langlais, Xavier : *Le Roman du roi Arthur* (H. Piazza).

De Rougemont, Denis : *L'Amour et l'Occident* (Collection 10/18).

Gallais, Pierre : *Perceval et l'initiation* (Sirac)

Guyonvarc'h, Christian et Le Roux, Françoise : *La Civilisation celtique* (Ouest-France).

Jung, Emma et Von Franz, Marie-Louise : *La légende du Graal* (Albin Michel).

Lancelot, trad. de A. Micha (Slatkine Reprints).

Lancelot du Lac (Le Livre de Poche, collection Lettres gothiques).

Légende Arthurienne (La) (Robert Laffont, collection Bouquins).
Mabinogion (Les), d'après J. Loth (Les Presses d'Aujourd'hui).
Malory, Sir Thomas : *Le Morte d'Arthur* (University Books, New York, 1961). Existe aussi en édition de poche chez Penguin Books.
Marie de France : *Les Lais* (Le Livre de Poche).
Markale, Jean : *Les Celtes et la civilisation celtique* (Payot). *L'Épopée celtique en Bretagne* (Payot). *Le Roi Arthur et la société celtique* (Payot). *Lancelot et la chevalerie Arthurienne* (Imago). *Merlin l'Enchanteur* (Retz). *Le Graal* (Retz).
Merlin le prophète (Stock Plus).
Mort du roi Arthur (La) (Collection 10/18).
Oldenburg, Zoé : *Le Bûcher de Montségur* (Gallimard).
Pernoud, Régine : *Aliénor d'Aquitaine* (Le Livre de Poche).
Quête du Graal (La), édition présentée et établie par Albert Béguin et Yves Bonnefoy (Le Seuil, collection Points Sagesses).
Quinet, Edgar : *Merlin l'Enchanteur* (Slatkine Reprints).
Rio, Michel : *Merlin* (Le Seuil, collection Points Romans).
Robert de Boron : *Le Roman du Graal* (Collection 10/18).
Romanciers du Moyen Age (Le Livre de Poche).
Sommer, H.O. : *The Vulgate Version of the arthurian Romances,* 7 vol. (The Carnegie Institution, Washington, 1909-1916).
Tristan et Iseut, les poèmes français et la saga norroise, trad. et commentaires de Daniel Lacroix et Philippe Walter (Le Livre de Poche, collection Lettres gothiques).
Tristan et Iseut, par Joseph Bédier, préface de Gaston Paris (Collection 10/18).
Tristan, la merveilleuse histoire de Tristan et Iseut restituée par André Mary, préface de Denis de Rougemont (Gallimard, collection Folio).
Tristan et Iseult, par Michel Manoll (Jean Picollec).
Voragine : *La Legende dorée* (Garnier-Flammarion).
Wolfram von Eschenbach : *Parzival,* trad. et présentation de Danielle Buschinger, Wolfgang Spiewok et Jean-Marc Pastré, préface de Jean Fourquet (Collection 10/18).
Zimmer-Bradley, Marion : *Les Dames du Lac et les Brumes d'Avalon* (Le Livre de Poche).

Revues et sociétés arthuriennes en Grande-Bretagne :

Quondam et Futurus (Mildred Leake Day, editor, 2212 Pinehurst Drive, Gardendale, AL 35071, U.S.A.).

Avalon to Camelot (Freya Reeves Lambides, PO Box 6236, Evanston, IL 60204, U.S.A.).

The International Arthurian Society (Secrétaire/trésorier : Dr. Geoffrey Bromiley, Department of French, University of Durham, New Elvet, Durham, DHI 3JT).

Index alphabétique

Table des matières

La composition et l'impression de cet ouvrage
ont été réalisées par CLERC S.A.
18200 SAINT-AMAND - Tél. : 48-96-41-50
pour le compte des ÉDITIONS DANGLES
18, rue Lavoisier - 45800 ST-JEAN-DE-BRAYE

Dépôt légal Éditeur n° 1716 - Imprimeur n° 4685

Achevé d'imprimer en Septembre 1991